Méthodologie de recherche en sciences économiques

Réussir sa thèse et son mémoire de fin d'études

Collection « L'esprit économique »

fondée par Sophie Boutillier et Dimitri Uzunidis en 1996
dirigée par Sophie Boutillier, Blandine Laperche, Dimitri Uzunidis

Si l'apparence des choses se confondait avec leur réalité, toute réflexion, toute Science, toute recherche serait superflue. La collection « L'esprit économique » soulève le débat, textes et images à l'appui, sur la face cachée économique des faits sociaux : rapports de pouvoir, de production et d'échange, innovations organisationnelles, technologiques et financières, espaces globaux et microéconomiques de valorisation et de profit, pensées critiques et novatrices sur le monde en mouvement...
Ces ouvrages s'adressent aux étudiants, aux enseignants, aux chercheurs en sciences économiques, politiques, sociales, juridiques et de gestion, ainsi qu'aux experts d'entreprise et d'administration des institutions.

La collection est divisée en six séries :

Dans la série *Economie et Innovation* sont publiés des ouvrages d'économie industrielle, financière et du travail et de sociologie économique qui mettent l'accent sur les transformations économiques et sociales suite à l'introduction de nouvelles techniques et méthodes de production. L'innovation se confond avec la nouveauté marchande et touche le cœur même des rapports sociaux et de leurs représentations institutionnelles.

La série *Economie formelle* a pour objectif de promouvoir l'analyse des faits économiques contemporains en s'appuyant sur les approches critiques de l'économie telle qu'elle est enseignée et normalisée mondialement. Elle comprend des livres qui s'interrogent sur les choix des acteurs économiques dans une perspective macroéconomique, historique et prospective.

Dans la série *Le Monde en Question* sont publiés des ouvrages d'économie politique traitant des problèmes internationaux. Les économies nationales, le développement, les espaces élargis, ainsi que l'étude des ressorts fondamentaux de l'économie mondiale sont les sujets de prédilection dans le choix des publications.

La série *Krisis* a été créée pour faciliter la lecture historique des problèmes économiques et sociaux d'aujourd'hui liés aux métamorphoses de l'organisation industrielle et du travail. Elle comprend la réédition d'ouvrages anciens, de compilations de textes autour des mêmes questions et des ouvrages d'histoire de la pensée et des faits économiques.

La série *Clichés* a été créée pour fixer les impressions du monde économique. Les ouvrages contiennent photos et texte pour faire ressortir les caractéristiques d'une situation donnée. Le premier thème directeur est : mémoire et actualité du travail et de l'industrie ; le second : histoire et impacts économiques et sociaux des innovations.

La série *Cours Principaux* comprend des ouvrages simples, fondamentaux et/ou spécialisés qui s'adressent aux étudiants en licence et en master en économie, sociologie, droit, et gestion. Son principe de base est l'application du vieil adage chinois : « le plus long voyage commence par le premier pas ».

My Youssef El Alaoui Ismaili
Jamila Ayegou
Badreddine Gbaoui

Méthodologie de recherche en sciences économiques

Réussir sa thèse et son mémoire de fin d'études

L'Harmattan

جـامعـة الحـسن الثـاني بالدار البيـضـاء
ⵜⴰⵙⴷⴰⵡⵉⵜ ⵏ ⵃⴰⵙⴰⵏ ⵡⵉⵙⵙ ⵙⵉⵏ ⴳ ⴹⴹⴰⵕⵍⴱⵉⴹⴰ
UNIVERSITÉ HASSAN II DE CASABLANCA

5-7, rue de l'École-Polytechnique, 75005 Paris

http://www.editions-harmattan.fr

ISBN : 978-2-336-57851-4
EAN : 9782336578514

Sommaire

Sommaire **5**
Préface **7**
Introduction **8**

Première partie : Les règles de fond d'une thèse ou d'un mémoire de fin d'études **11**

Premier chapitre : Méthodologie de recherche : quels concepts à retenir ? **13**
1. Survol sur la recherche en sciences économiques . 14
2. Recherche en sciences économiques : ses approches et ses méthodologies 18
3. Cadre épistémologique 22

Deuxième chapitre : Construction d'un travail de recherche : quel processus ? **29**
1. Choix du sujet, la définition du problème et sa justification 30
2. Revue de littérature 34
3. Formulation des objectifs et des hypothèses de recherche 35
4. Élaboration de la méthodologie de recherche 40
5. Traitement des données et interprétation des résultats 41
6. Autres aspects de la rédaction d'un travail de recherche 46

Deuxième partie : La forme d'une thèse ou d'un mémoire de fin d'études **51**

Premier chapitre : Les composantes d'une thèse de doctorat **54**
1. La page de couverture et la page de garde 55

2. Le titre 56
3. La table des matières 57

Deuxième chapitre : Les règles complémentaires de rédaction d'une thèse de doctorat 69
1. Le format de la thèse 70
2. Les citations ou les extraits dans le texte 70
3. Les notes de bas de page 71
4. La présentation des références 73
5. Des conseils pratiques 75

Troisième partie : L'étude empirique 78

Premier chapitre : Les fondements de l'étude empirique 80
1. L'étude qualitative 81
2. L'étude quantitative 84

Deuxième chapitre : L'application de l'étude empirique sur les logiciels 118
1. Application de l'analyse factorielle exploratoire sur le logiciel IBM SPSS STATISTICS 27 119
2. Application de l'analyse factorielle confirmatoire sur le logiciel SMARTPLS 3.2.9 123

Cas hypothétiques 137
Conclusion 175
Bibliographie 176
Table des matières 184

Préface

La rédaction d'une thèse de doctorat en sciences économiques, quel que soit son format, est un exercice long, d'une durée minimale de trois ans, et difficile, les savoir-faire à acquérir étant nombreux. Ils ont trait aussi bien à la capacité à synthétiser une littérature volumineuse, parfois contradictoire, à formuler un objet de recherche pertinent et cohérent, à collecter et à traiter des données de manière rigoureuse, et à écrire d'une façon claire et précise. La réalisation d'une thèse de doctorat est aussi un exercice exigeant. Par définition, les connaissances que le doctorant développe doivent être originales, reproductibles, extrapolables et généralisables, ce qui ne manque pas d'entraîner stress, questionnements, doutes, remises en question. Mais c'est avant tout un exercice passionnant.

La réalisation d'un mémoire de recherche est certes plus rapide, moins lourde et moins ambitieuse que celle d'une thèse, mais elle requiert, sensiblement, les mêmes qualités. Elle repose, en effet, sur des attentes et des critères d'évaluation comparables. On peut y assimiler également la rédaction d'un article de recherche destiné à une revue scientifique.

L'objectif de ce guide est donc d'accompagner plus particulièrement l'étudiant, qu'il soit en master ou doctorant, dans cet exercice délicat qui va de la spécification de son positionnement épistémologique à la communication de ses résultats, en lui proposant un cadre méthodologique rigoureux. Dans cette quête, la théorie guide le chercheur et les résultats de sa recherche doivent confirmer ou infirmer cette référence dont la validité repose sur une triple exigence de cohérence, de pertinence et de testabilité, voire de falsifiabilité.

Introduction

Lorsqu'on gouverne les premiers pas d'un étudiant dans le domaine de la recherche, la tâche n'est pas facile pour l'enseignant, en raison de nombreuses et diverses attentes.

Deux problèmes majeurs sont à résoudre lorsqu'un apprenant s'engage dans la rédaction de son document scientifique.

Le premier est la contrainte de temps liée à la production d'un mémoire. Pour répondre à ce risque, nous avons fait le choix de commencer par les notions de base afin que l'étudiant qui va s'engager, de façon imminente, dans un travail de recherche dispose des repères indispensables pour son entreprise intellectuelle.

Le deuxième problème tient au fait que la recherche en sciences économiques, est sujette à une multitude de méthodologies. Pour répondre à ce problème, nous allons mettre l'accent sur les différentes séquences que l'on trouve dans un document de travail et qui sont incontournables dans l'élaboration d'un travail de recherche.

Sur le plan des disciplines abordées, cet ouvrage est consacré aux sciences économiques, où la méthodologie est conçue comme la clef de voûte ; sa portée est tellement grande que désormais les chercheurs et les divers auteurs croient devoir commencer leurs réflexions ou recherches par délimiter avec clarté et précision le champ méthodologique comme si celui-ci devait conditionner à la fois la qualité des démarches et la pertinence des résultats.

Dans cet ouvrage, nous avons fait preuve de pédagogie par une présentation simple dépouillée de toute complication théorique, souvent inaccessible, tout en essayant de ne rien perdre en substance et en respectant des principes de rigueur, d'efficacité et de débats qui permettent de replacer la dynamique de la recherche dans une démarche d'investigation adéquate et opératoire. Les nombreuses illustrations que nous avons utilisées, établissent l'indispensable trait d'union entre les savoirs et les savoir-faire.

Le travail de recherche est la construction d'un « objet scientifique », il permet à l'auteur de :

- Explorer un phénomène ;
- Résoudre un problème ;
- Questionner ou réfuter des résultats fournis dans des travaux antérieurs ou une thèse ;
- Expérimenter un nouveau procédé, une nouvelle solution, une nouvelle théorie ;
- Appliquer une pratique à un phénomène ;
- Décrire un phénomène ;
- Expliquer un phénomène …

Ou une synthèse de deux ou plusieurs de ces objectifs.

Ce travail qui est essentiel, vu ses enjeux scientifiques, sociaux, économiques, politiques et prospectifs, demande que l'on en étudie les fondamentaux et la méthode. En effet, le travail de recherche est « une clé en main » de la personne qui, non seulement, ouvre les portes du changement, de la prospective et de l'innovation, mais également aide à optimiser ses outils et techniques de production et à améliorer ses conditions de vie.

C'est la raison pour laquelle l'ambition, ici, n'est pas de donner une recette universelle en matière de méthodologie, d'autant plus qu'elle n'est pas unique et figée. Nous allons, donc, mettre l'accent sur les différentes séquences ou les éléments que l'on trouve dans un document de travail et qui sont incontournables dans l'élaboration d'un travail de recherche.

Le présent guide tentera donc de répondre à deux questions centrales, à savoir : **que faut-il retenir des différents concepts et notions sur la méthodologie de recherche ? Comment élaborer un document**

scientifique, en général, et un mémoire ou une thèse de doctorat, en particulier ?

L'objectif étant de permettre aux étudiants du master et aux doctorants de se familiariser avec les concepts de base de la méthodologie de recherche, et de les aider en phase de rédaction de leurs travaux, à maitriser les différentes étapes indispensables à l'élaboration d'un document de recherche scientifique.

En tenant compte des objectifs de cet ouvrage, nous l'avons structuré en trois parties. La première porte sur les notions de base de la méthodologie de recherche, la deuxième sur la réalisation d'un travail de recherche et la troisième sur l'analyse économétrique.

Première partie :
Les règles de fond d'une thèse ou d'un mémoire de fin d'études

C'est un secret de polichinelle : écrire un mémoire de fin d'études du cycle « master » ou une thèse de doctorat n'est pas de tout repos. Le syndrome de la page blanche et la procrastination sont l'apanage de nombreux étudiants au sein des cycles supérieurs. Qu'à cela ne tienne, les directeurs (trices) des laboratoires de doctorat et professeurs (es) des universités, ont plus d'un tour dans leurs sacs afin de faciliter la tâche aux jeunes chercheurs. Ce travail a d'ailleurs tenté de rassembler plusieurs de ces astuces dans le présent guide pour servir de feuille de route afin d'assister les jeunes chercheurs (ses) dans le processus de réalisation de leurs travaux de recherche.

Premier chapitre :
Méthodologie de recherche : quels concepts à retenir ?

Le contenu de ce chapitre est de permettre à notre cible d'acquérir une bonne compréhension des paradigmes essentiels et une maîtrise des outils indispensables à la réalisation d'un travail de recherche.

1. Survol sur la recherche en sciences économiques

À ce niveau, nous allons traiter la notion et la raison d'être de la recherche, tout d'abord, avant de présenter, ensuite, sa typologie et l'importance que celle-ci procure à toute production scientifique.

1.1 Notion et objectifs de la recherche

Le doute et la curiosité, deux attitudes innées de la personne humaine, sont au cœur de la quête de nouvelles connaissances. En effet, le doute conduit l'être humain à se questionner, notamment, sur son environnement socio-économique et les modifications qui interviennent dans celui-ci. Les différentes interrogations éveillent la curiosité de l'être humain qui réalise des investigations pour comprendre les différentes évolutions au sein de son environnement économique et social. Tout être humain est, donc, un chercheur car sa quête de nouvelles connaissances est l'essence, même, de la notion de recherche. Cependant, la recherche dont il est question, ici, est la recherche scientifique.

Tout le monde n'est pas scientifique, la recherche revêt un caractère particulier parce qu'il convient de scruter pour en ressortir l'essence. Dans ce cadre, l'investigation qui caractérise toute recherche devient une quête scientifique et systématique des informations échappant encore à l'intelligence humaine. À cet égard, l'Encyclopédie internationale des sciences sociales et comportementales éditée par Smelser et Baltes en 2001 définit la recherche comme une investigation rigoureuse destinée à trouver de nouveaux faits dans une branche de la connaissance.

Dans un contexte académique, la recherche scientifique est conçue comme un processus dynamique ou une démarche rationnelle qui permet d'examiner des phénomènes, des problèmes à résoudre, et d'obtenir des réponses précises à partir d'investigations. Ce processus se caractérise par le fait qu'il est systématique et rigoureux et conduit à l'acquisition de nouvelles connaissances. Les fonctions de la recherche scientifique sont de décrire, d'expliquer, de comprendre, de contrôler, de prédire des faits, des phénomènes et des conduites, et de formuler des conclusions pour les confronter, ainsi, aux hypothèses. (Kothari, 2014).

Les objectifs de tout travail de recherche sont d'apporter des réponses à nos interrogations en utilisant des procédures scientifiques. Nous pouvons évoquer, à titre d'illustration :

✓ Analyser un phénomène ou avoir un nouvel éclairage sur un phénomène (les travaux ayant de tels objectifs sont qualifiés de travaux de recherche exploratoire) ;

✓ Établir le portrait ou mettre en évidence les caractéristiques d'un agent ou d'un groupe d'agents économiques particuliers (il est précisément question des travaux de recherche descriptive) ;

✓ Déterminer les fréquences d'apparition d'un phénomène ou examiner l'association d'un phénomène avec un autre (on parle, dans ces conditions, de travail de recherche diagnostique) ;

✓ Tester l'hypothèse de la relation de causalité entre les variables (c'est le cas d'un travail de recherche de vérification des hypothèses).

1.2 Typologie et importance de la recherche

Au niveau de la littérature, nous pouvons dégager plusieurs types de recherche. Van der Maren (1996), De Ketele et Roegiers (1996), Johnson et Christensen

(2004) clarifient les différences entre elles à travers les propos du tableau suivant :

Tableau 1 : les différents types de recherche

Recherche	**Explication**
Descriptive	Elle se caractérise par l'absence de contrôle direct sur les variables et prend appui sur un système de logique déductive fondée sur des documents et des témoignages.
Analytique	Il s'agit d'utiliser les faits ou les informations déjà existantes pour procéder à une analyse critique du phénomène étudié.
Appliquée	Elle a pour objet la recherche des solutions aux problèmes auxquels font face les organisations. Elle prépare une action ou une intervention cohérente avec le problème à résoudre.
Fondamentale	Elle est orientée vers la production de nouvelles connaissances, particulièrement la conceptualisation et l'avancement des théories.
Structuraliste	Elle consiste à élucider la structure d'un système ou d'une organisation sans le recours à toutes sortes d'éléments étrangers à leurs natures.
Comparative	Elle consiste, comme son nom l'indique, à comparer les phénomènes à étudier. Elle autorise à classer les pays et les phénomènes en fonction d'un certain nombre de variables pour se donner, ensuite, les moyens d'en déduire des constantes, des invariants dégagés de toute considération historique.

Conceptuelle	Elle se rapporte aux idées abstraites ou à la théorie. Elle est l'apanage des chercheurs dont l'activité scientifique est la manipulation des concepts/théories en vue de faire évoluer leur contenu au regard de la réalité spécifique à un champ d'investigation donné.
Empirique	Elle prend appui sur l'expérimentation ou l'observation sans se préoccuper des systèmes ou des théories.
Transversale	La recherche porte sur l'étude d'un phénomène à un instant donné.
Diachronique	L'étude du phénomène se fait sur plusieurs périodes. Ce type de recherche implique le recours aux sources historiques telles que les documents et les témoignages.
Exploratoire	Elle a pour fondement la production des connaissances à partir de l'observation des relations entre diverses variables issues de données de recherche. Elle permet de passer du particulier au général afin de formuler des hypothèses.
Confirmatoire	Elle consiste à vérifier ou à réfuter l'application d'une théorie ou d'une hypothèse à un cas particulier, à partir d'un ensemble de données.

Source : Réalisé par nos soins

Chaque type de recherche a ses variantes qui se déclinent en fonction des objectifs assignés, du temps requis pour accomplir le travail de recherche, de l'environnement dans lequel la recherche est faite ou d'autres facteurs liés à celle-ci.

L'importance de la recherche est saisie à partir du rôle que cette dernière est amenée à jouer dans les divers domaines de l'économie. La nature complexe des interactions entre les agents économiques, des marchés et de la gouvernance des organisations, a focalisé l'attention sur la recherche en tant que pourvoyeuse de solutions aux différents problèmes. Il s'agit aussi bien des problèmes liés à la prise de décisions, d'orientation des politiques, des problèmes opérationnels, de planification des entreprises et de compréhension des relations sociales.

La recherche est, aussi, un outil d'aide à l'action pour trois motifs essentiels, à savoir :

- ✓ L'investigation des structures économiques et sociales à travers la compilation continue des faits ;
- ✓ Le diagnostic des évènements qui arrivent et l'analyse des forces qui les sous-tendent ;
- ✓ Les prédictions, c'est-à-dire prévoir les futurs développements.

2. Recherche en sciences économiques : ses approches et ses méthodologies

La connaissance de l'approche et de la méthodologie de recherche est indispensable aux jeunes chercheurs. Elle aide à structurer leurs pensées et à acquérir des outils pour observer leurs champs d'investigation en toute objectivité. De ce fait, les étudiants qui aspirent à une carrière de chercheur peuvent développer leurs compétences en utilisant les techniques de recherche, tout en maîtrisant la logique qu'il y a derrière chaque outil.

2.1 Approches de recherche

Lorsqu'un chercheur prend l'initiative de faire un travail de recherche, il se doit d'avoir une meilleure compréhension du phénomène et des concepts à étudier, et d'opter par conséquent, pour un mode d'approche.

Plusieurs modes d'approches sont proposés par la littérature, nous allons nous limiter à ceux sollicités, amplement, par les économistes.

- L'approche quantitative

Cette approche vise à recueillir des données observables et quantifiables. Ce type de recherche consiste à décrire, à expliquer, à contrôler et à prédire en se fondant sur l'observation de faits et d'événements « positifs », c'est-à-dire existant indépendamment du chercheur, des faits objectifs.

Cette méthode s'appuie sur des instruments ou techniques de recherche quantitatives de collecte de données dont en principe la fidélité et la validité sont assurées. Elle aboutit à des données chiffrées qui permettent de faire des analyses descriptives, des tableaux et graphiques, des analyses statistiques de recherche des liens entre les variables ou facteurs, des analyses de corrélation ou d'association, etc.

Pour rapprocher les propositions théoriques de la réalité, ou pour confronter les hypothèses à l'observation, il faut opérationnaliser les concepts, c'est-à-dire établir une relation systématique entre les concepts et la réalité observable, au moyen d'indicateurs.

- L'approche qualitative

Dans l'approche qualitative, le chercheur part d'une situation concrète comportant un phénomène particulier qu'il s'agit de comprendre et non de démontrer, de prouver ou de contrôler. Il veut donner sens au phénomène à travers ou au-delà de l'observation, de la description, de l'interprétation et de l'appréciation du contexte et du phénomène tel qu'il se présente.

Cette méthode recourt à des techniques de recherche qualitatives pour étudier des faits particuliers (études de cas, observation, entretiens semi-structurés ou non structurés, etc.). Le mode qualitatif fournit des données de contenu, et non des données chiffrées.

- **L'approche mixte**

Cette approche est une combinaison des deux précédentes. Elle permet au chercheur de mobiliser, aussi bien, les avantages du mode quantitatif que ceux du mode qualitatif. Cette conduite aide à maitriser le phénomène dans toutes ses dimensions.

L'approche qualitative sera choisie dans une phase exploratoire d'un nouveau sujet de recherche. Elle permet de développer une théorie et relève donc d'un processus inductif. L'approche quantitative sera choisie dans une phase confirmatoire, elle repose sur un corpus théorique qui permet de tester des hypothèses.

2.2 Méthode et méthodologie de recherche : quel rapprochement ?

Chaque travail de recherche se distingue par ses propres méthodes et méthodologie.

2.2.1 Méthode de recherche

Il s'agit de toutes les méthodes et techniques indispensables à la conduite d'un travail de recherche qui garantissent la véracité des liens entre les phénomènes étudiés. Il s'agit :

- Des méthodes de collecte des données ;
- Des techniques statistiques qui sont utilisées pour établir les relations entre les variables étudiées ;
- Des méthodes utilisées pour évaluer la pertinence des résultats obtenus.

Les termes méthode et technique sont, souvent, considérés comme interchangeables. Cependant, la littérature considère la méthode comme un concept plus général et qui génère les techniques.

Une distinction entre technique et méthode de recherche trouve son explication dans l'illustration suivante :

Tableau 2 : Différences entre méthode et technique de recherche

Types	Méthode	Techniques
Recherche documentaire	Exploration et analyse des faits	Prise de notes, analyse des contenus et des éléments audiovisuels.
Recherche de terrain	Sondage d'opinion	Utilisation des échelles d'attitudes, des techniques projectives et des échelles sociométriques.
	Interview personnelle	Utiliser un questionnaire ou un guide d'entretien avec des questions ouvertes ou fermées.
Recherche laboratoire	Étude des comportements aléatoires d'un petit groupe	Utilisation des instruments d'enseignements audiovisuels, utilisation des observations.

Source : Réalisé par nos soins

2.2.2 Méthodologie de recherche

Il est nécessaire pour le chercheur de connaître non seulement les méthodes/techniques de recherche, mais aussi la méthodologie.

La recherche scientifique est un processus dynamique ou une démarche rationnelle qui permet d'examiner des phénomènes, des problèmes à résoudre, et d'obtenir des réponses précises à partir d'investigations. Ce processus se caractérise par le fait qu'il est systématique et rigoureux et conduit à l'acquisition de nouvelles connaissances. Les fonctions de la recherche sont de décrire, d'expliquer, de comprendre, de contrôler, de prédire des faits, des phénomènes et des conduites. La rigueur scientifique est guidée par la notion d'objectivité, c'est-à-dire que le chercheur ne traite que des faits, à l'intérieur d'un canevas défini par la communauté scientifique. En conséquence, pour que les règles de la recherche scientifique soient transmissibles et connues par la masse des chercheurs, il a fallu les codifier : ainsi apparut la méthodologie.

La méthodologie de la recherche est une façon de résoudre systématiquement le problème de recherche. Elle peut être comprise comme la science qui étudie la façon dont la recherche est faite systématiquement (relation entre le concept théorique et les conclusions s'appliquant au monde réel). Elle est considérée, aussi, comme la branche de l'économie où l'on établit la suite d'opérations à effectuer, de questions à poser, de choix à faire qui permettent de mener de manière plus efficace une étude ou la résolution d'un problème.

La maitrise de la méthodologie de recherche permet aux futurs chercheurs de recevoir l'enseignement nécessaire pour regrouper les matériaux et les arranger, réaliser les travaux de terrain, collecter les données appropriées pour un problème particulier, manipuler, convenablement, les statistiques et procéder à une expérimentation contrôlée, c'est-à-dire, collecter les évidences, les trier et les interpréter.

3. Cadre épistémologique et démarche d'étude

L'épistémologie est la branche de l'économie qui étudie la façon dont les économistes produisent des théories, la manière dont ils font circuler ces affirmations et la cohérence de ces connaissances. Elle a donc pour objet la critique des connaissances économiques qui sont, constamment, interrogées et soumises à l'épreuve des faits.

Le cadre épistémologique, permet de garantir la scientificité du travail de recherche car il s'interroge sur l'objectif de la recherche, les éléments d'argumentation, la neutralité du chercheur face au sujet étudié et les précautions à suivre lors de la présentation des résultats et le développement des conclusions. L'inscription d'une recherche dans un cadre épistémologique conditionne les pratiques admissibles et les modes de justification des connaissances élaborées.

Dans les sciences de gestion, il existe principalement trois paradigmes épistémologiques : le positivisme, l'interprétativisme et le constructivisme (Le Moigne, 1990 ; Allard-Poesi et Marechal, 2014).

3.1 Le positivisme

Le positivisme est un paradigme épistémologique qui se base sur les travaux fondateurs du philosophe Auguste Comte (1844). Dans ce courant de pensée, la connaissance se base sur des phénomènes observables d'une manière objective (D'Amboise, 1996). Selon une autre formulation, le positivisme soutient l'idée que la réalité est présente indépendamment de l'observateur (D'Amboise, 1996 ; Allard-Poesi et Marechal, 2014). Par conséquent, le travail du chercheur consiste à repérer les liens causals entre des phénomènes mesurables (D'Amboise, 1996).

La formulation des hypothèses est une méthodologie largement utilisée dans le paradigme positiviste (Avenier et Gavard-Perret, 2012). Selon les données empiriques, ces hypothèses peuvent être confirmées ou infirmées. Par ailleurs, les résultats issus de ces suppositions doivent être reproductibles dans d'autres contextes (Allard-Poesi et Marechal, 2014).

Le paradigme positiviste traite les évènements sociaux comme des choses, ce qui tend à considérer les relations qui se forgent entre ces phénomènes selon des lois universelles (Allard-Poesi et Marechal, 2014). En d'autres termes, le positivisme est une conception essentialiste qui encourage un déterminisme dans les relations humaines (Allard-Poesi et Marechal, 2014). Cette approche implique au chercheur une neutralité par rapport aux objets de recherche et par conséquent aux liens découverts entre les phénomènes sociaux (Allard-Poesi et Marechal, 2014).

3.2 L'interprétativisme

Comme deuxième paradigme épistémologique, l'interprétativisme considère que les pratiques sociales sont discursives et interactionnelles (Allard-Poesi et Marechal, 2014). De ce fait, l'interprétativisme privilégie la compréhension du sens à travers des interactions plutôt que la constatation des liens causals en tant que lois universelles valables dans le temps et dans l'espace (Allard-Poesi et Marechal, 2014).

Les projets de recherche qui utilisent un paradigme interprétativiste font souvent appel à des contingences pour la compréhension de la connaissance (Allard-Poesi et Marechal, 2014). Dans ce sens, l'édification de la réalité utilise une approche relativiste de la science (Latour et Woolgar, 1979), ce qui remet en question l'impartialité scientifique (Bonneuil et Joly, 2013).

Les défenseurs du courant interprétativiste stipulent que le traitement des phénomènes sociaux devrait se faire selon un processus cognitif (Piaget, 1967) où la compréhension subjective du chercheur est présente. Cela s'explique par le caractère complexe des liens sociaux (Allard-Poesi et Marechal, 2014). En effet, ce courant épistémologique avance l'idée que la réalité est interne et n'apparait que selon les interprétations du chercheur (Le Moigne, 1995). Par conséquent, la connaissance est dépendante des fondements idiographiques (Lincoln et Guba, 1985) et empathiques du chercheur (Allard-Poesi et Marechal, 2014).

3.3 Le constructivisme

Dans le courant constructiviste, l'objectif de la recherche n'est pas de constater des liens causals ni de comprendre le sens des relations mais plus de construire la connaissance (Allard-Poesi et Marechal, 2014). Ce paradigme encourage l'idée selon laquelle la réalité est produite par des artefacts qui possèdent des caractéristiques spécifiques dans des contextes donnés (Avenier et Gavard-Perret, 2012). À cet effet, Glasserfel (1988) considère la connaissance comme une construction au sein d'un processus actif du chercheur.

Les théoriciens constructivistes utilisent souvent une approche intentionnelle dans la construction de la connaissance en comparant les représentations à l'objet de recherche (Le Moigne, 1995). Cela donne naissance à des explications et à une connaissance étant valides si elles sont en adéquation avec un contexte spécifique (Girod-Séville et Perret, 1999).

En se basant sur les recherches de Allard-Poesi et Marechal (2014), nous synthétisons les spécificités relevées pour les trois paradigmes épistémologiques : le positivisme, l'interprétativisme et le constructivisme.

Tableau 3 : La comparaison entre les principaux paradigmes épistémologiques en science de gestion

	Positivisme	**Interprétativisme/ Constructivisme**
La connaissance	Objective	Subjective
La réalité	Réaliste	Relativiste

La relation entre le chercheur et l'objet de recherche	Indépendante	Dépendante
La vision du monde social	Déterminée	Intentionnelle

Source : Allard-Poesi et Marechal (2014)

Popper (1963, 1982), Lakatos (1970) et Kuhn (1983) figurent parmi les auteurs ayant, particulièrement, relancé l'intérêt pour l'épistémologie dans les sciences sociales de façon générale et les sciences économiques en particulier.

Pour Popper (1963), la science économique est une science indivisible dans la mesure où elle est positiviste, faillibiliste et objectiviste. En effet :

- Elle est positiviste parce qu'elle prend naissance dans les problèmes et finit dans les problèmes.
- Elle est faillibiliste dans la mesure où le critère de la scientificité d'une théorie réside dans la possibilité de l'invalider, de la réfuter ou de la tester. De ce fait, la réfutation est au cœur de la théorie et de la découverte scientifique.
- Elle est objectiviste dans la mesure où l'intime conviction du chercheur (ou sa seule intuition) n'est pas suffisante pour expliquer le réel ou établir la vérité d'une proposition ou d'une théorie.

Le paradigme positiviste adapté de toute recherche en sciences économiques propose des critères généraux, applicables à toutes les sciences, et permettant de distinguer entre connaissances non scientifiques et scientifiques.

Actuellement on parle plus du postpositivisme ou positivisme aménagé dans la mesure où l'objectivité absolue d'un travail de recherche se trouve contrastée par le recours à des études empiriques réalisées sur le terrain et basées sur le recueil des données dont l'objectivité est jugée partielle.

Ce courant propose trois critères qui valident la connaissance scientifique : la vérifiabilité, la confirmabilité et la réfutabilité : le principe de vérifiabilité stipule que la connaissance scientifique ne peut être exacte que si elle est vérifiée empiriquement. Pour ce qui est de la confirmabilité, il n'y a pas une véracité absolue et universelle d'un énoncé, car un objet ne peut pas être étudié dans toutes ces circonstances et contextes où il s'applique. Par contre, on évoque la logique probabiliste. Concernant le troisième critère de réfutabilité, Popper (1959) affirme qu'une connaissance n'est scientifique que si elle est réfutable.

Le cadre positiviste reconstitue la chaîne causes-effets à travers une approche hypothético-déductive pour trouver la relation existante entre les faits sociaux qui sont extérieurs aux individus.

Le positionnement épistémologique est complété par une démarche scientifique nommée « raisonnement méthodologique ». On distingue, au niveau de la recherche scientifique, trois types de raisonnement méthodologique :

- Une démarche inductive : c'est une approche de recherche ou d'apprentissage qui part de données spécifiques ou de faits observés pour construire des connaissances générales ou des théories. Elle est plus adaptée au cadre épistémologique constructiviste.
- Une démarche abductive : c'est une méthode de raisonnement qui consiste à inférer des hypothèses explicatives à partir d'observations. Elle part de faits ou d'observations pour proposer des explications possibles, en cherchant la cause la plus vraisemblable pour ces faits. Elle est plus liée au cadre épistémologique interprétativiste.
- Une démarche déductive : appelée également méthode hypothético-déductive, est une méthode scientifique qui consiste à formuler une hypothèse afin d'en

déduire des conséquences observables futures, mais également passées, permettant d'en déterminer la validité. Elle est plus adaptée au positionnement épistémologique positiviste.

Deuxième chapitre :
Construction d'un travail de recherche : quel processus ?

De manière générale, tout processus de recherche est constitué d'un certain nombre de composantes et d'étapes, et s'étale de la formation d'une première intuition à la rédaction/publication d'un document soumis à la critique : étude, mémoire, thèse (Quivy et Campenhoudt, 1995 ; Wacheux, 1996 ; Evrard et al, 1997 ; Thiétart et al, 1999 ; Saunders et al, 2003). Les étapes classiques d'un processus de recherche en sciences économiques se présentent ainsi :

- Le choix du sujet, la définition du problème et sa justification ;
- La revue de la littérature ou l'état des connaissances sur le problème traité ;
- La formulation des objectifs et des hypothèses de recherche ;
- La méthodologie de travail qui permet de faire la collecte et l'analyse des données ;
- L'interprétation des résultats ;
- Les autres aspects de la rédaction d'un travail de recherche.

Il peut exister des rétroactions/itérations entre les phases en aval d'un processus de recherche et les phases en amont. Cette caractéristique, que le chercheur doit absolument admettre comme étant normale, explique pourquoi celui qui débute un travail ne peut jamais énoncer « voici quel est l'objet de ma recherche ». Pour pouvoir le formuler clairement, il faut un temps de maturation, temps qui peut être extrêmement variable, de quelques semaines à plusieurs mois, selon la nature de la recherche.

Dans cette section, nous présentons les éléments clés pour la rédaction de ces différentes séquences.

1. Choix du sujet, la définition du problème et sa justification

Le choix d'un sujet de mémoire ou de thèse est un privilège qui revient à l'étudiant. Il peut bénéficier de l'accompagnement du directeur de recherche ou même des collègues chercheurs dans le cas d'un laboratoire. Quelle que soit l'aide dont l'étudiant peut bénéficier, il demeure le seul responsable de ce choix.

1.1 Choix du sujet

L'intérêt accordé à un sujet n'est qu'un aspect à prendre en ligne de compte dans le choix du sujet. Il y a aussi la pertinence et l'originalité du thème et sa faisabilité dans les délais autorisés pour la rédaction du mémoire ou d'une thèse.

1.1.1 Pertinence du choix du sujet

Pour ce qui est de la pertinence, il y a lieu d'explorer la théorie ou de chercher dans les particularités du champ d'étude.

Concernant la pertinence sur le plan théorique, le chercheur peut prendre appui sur des documents de la revue de littérature dont les conclusions débouchent souvent sur de nouvelles pistes de recherche. À cet effet, faire d'une nouvelle piste de recherche son thème de mémoire donne l'avantage de disposer très tôt de l'historique du sujet et d'être certain que son traitement est d'une contribution avérée.

S'agissant des particularités du champ d'étude, il est à noter que le sujet retenu par le chercheur peut avoir fait l'objet d'un traitement abondant. Seulement, les spécificités du champ d'étude obligent à reconsidérer cette problématique dans cette nouvelle perspective.

1.1.2 Contrainte temporelle

En ce qui concerne les délais autorisés, l'étudiant qui s'engage dans une entreprise de rédaction de mémoire ou de thèse doit garder à l'esprit que le temps est une variable déterminante dans la réalisation de son travail. Pour ce faire, il est obligé de prendre la précaution de s'assurer qu'il y a toutes les informations nécessaires (la littérature théorique et empirique et les bases de données statistiques) sur le thème à partir des différentes sources. Ensuite, le sujet doit donner une indication sur le problème que l'étudiant veut traiter. Pour ce faire, il doit être précis et concis. Un sujet très vaste n'est pas recommandé, parce qu'il ne peut être entièrement traité par l'étudiant pour des raisons de temps ou même d'insuffisance de capacité scientifique pour le cerner entièrement en peu de temps.

1.1.3 Importance de l'introduction

C'est à travers l'introduction que s'établit le premier contact avec l'évaluateur du travail. Ainsi, selon qu'elle est bien écrite ou non, l'introduction peut donner de la valeur ou ruiner le travail de recherche. Depuis l'accroche jusqu'à l'annonce du plan, l'introduction doit attirer le lecteur et lui donner les signaux de qualité sur la suite du travail.

En effet, l'introduction sert à montrer en quoi il est intéressant de réaliser un travail de recherche particulier. De ce fait, elle comprend une partie dépeignant le contexte de l'étude qui met en évidence l'importance du problème (sur le plan théorique et par rapport au champ d'investigation) en soulevant les lacunes scientifiques correspondant à plusieurs situations, notamment :

- Le problème n'a jamais été étudié ou a fait l'objet de trop peu d'études pour être considéré comme résolu ;
- Les études traitant de la question ne recouraient pas à une méthodologie satisfaisante pour conclure ;
- Les résultats obtenus par les travaux antérieurs ont une portée très générale, mais ne peuvent être appliqués à la situation particulière d'un pays ;
- Le résultat est considéré comme ayant été établi dans un contexte (culturel, mode de production, type de production...) différent de celui que l'on cherche à étudier.

Cette démarche permet de construire la problématique de l'étude autour de l'énoncé des problèmes que soulève le thème abordé et qui débouche sur la question centrale de recherche. S'ensuivent la fixation des objectifs et la formulation des hypothèses avant l'annonce du plan.

1.2 Cernement de la problématique

La problématique fait partie de l'introduction. Cependant, son importance est telle qu'elle nécessite un traitement distinct. À ce sujet, il faut préciser que la problématique n'est pas la question de recherche. Il s'agit d'une construction qui débouche sur une ou des questions de recherche. À cet égard, Beaud (1999) considère la problématique comme un ensemble d'énoncés de problèmes construits autour de la question principale. Cette construction consiste à élucider et à délimiter l'approche personnelle du chercheur concernant le sujet. Cela implique que ce dernier décline le plus clairement possible ses options dans le traitement du sujet, et y apporte les justifications nécessaires. Ainsi, l'élaboration de la problématique passe par le choix de la question centrale de recherche au moyen du jeu construit d'hypothèses, d'interrogations, de questionnements fondés sur des repères théoriques aussi cohérents et rigoureux que possible, ainsi que de concepts adaptés à l'objet de la recherche, laquelle s'inscrit dans un champ soigneusement délimité.

Dans cette optique, la problématique permet de répondre à deux questions fondamentales que sont : *où est le problème ? Pourquoi le travail du chercheur est-il intéressant ?* Ces deux questions sont connexes et entretiennent des liens qui démontrent la pertinence du travail de recherche aussi bien sur le plan théorique que sur le plan empirique. La problématique contextualise l'objet de la recherche et lui donne sa profondeur conceptuelle.

Illustration :

Exemples de formulation des questions de recherche :

- Dans quelle mesure les projets écotouristiques implantés dans la destination d'Ouarzazate, sont-ils capables d'atteindre l'optimum ?

- Quelles sont les perceptions et attitudes des participants (agences touristiques, guides touristiques locaux, touristes et les populations locales) face au tourisme dans la zone désertique algérienne en ce qui concerne le tourisme alternatif comme levier à l'amélioration des conditions de vie des populations locales ?

- Dans quelle mesure l'engagement réel des firmes marocaines en matière de RSE se traduit-il par un quelconque impact (positif, négatif ou neutre) sur la performance financière des firmes ?

- Dans quel degré l'attractivité du territoire repose-t-elle sur l'amélioration des indicateurs économiques et sociaux au Maroc ?

2. Revue de littérature

Cette composante est capitale dans l'élaboration d'un document de recherche. Cela implique que, pour faire de la recherche en sciences économiques, il faut se situer à la frontière des connaissances pour pouvoir repousser les limites de l'ignorance des futurs chercheurs. D'où la nécessité de procéder à une revue de la littérature, parce qu'elle permet de faire le point sur les connaissances acquises (identification de frontières des connaissances), et surtout de relever les limites de ces dernières et donc de baliser le chemin d'une recherche destinée à repousser les frontières des connaissances. Pour faire une bonne revue, le chercheur doit pouvoir ressortir, pour chaque article ou ouvrage lu, l'objet de la recherche, la question centrale de la recherche, la méthodologie utilisée par l'auteur et les principaux résultats de ce dernier. C'est ainsi que le chercheur peut procéder à une analyse critique du travail de recherche des auteurs qui ont écrit avant lui.

Cette analyse critique porte sur : des résultats en rapport avec la méthodologie, la question centrale de recherche et l'objet de la recherche. De cette analyse critique, le chercheur tire des enseignements pour son champ d'investigation ou tout simplement pour son travail de recherche. La revue de littérature est analytique, dans la mesure où elle ne consiste pas à dresser une liste des auteurs et de leurs idées, mais plutôt à identifier des tendances, des orientations, en discutant des conséquences des choix qui les fondent, en mettant les auteurs en dialogue entre eux, et en soumettant leurs idées et leurs travaux à la critique (Boutillier, 2012).

Après cette revue analytique, le chercheur peut mieux situer son travail par rapport à la littérature existante et mettre en évidence sa contribution à la recherche scientifique.

3. Formulation des objectifs et des hypothèses de recherche

La fixation des objectifs clairs et logiques aide à la formulation des hypothèses qui sont au cœur de l'analyse dans le travail de recherche. De cette analyse émergent des résultats qui peuvent être en accord ou non avec les hypothèses émises et confirmer la réalisation ou non des prédictions du chercheur.

3.1 Fixation des objectifs d'un travail de recherche

La fixation des objectifs de travail permet d'éviter une évaluation négative d'une recherche qui doit être conforme aux standards d'un travail scientifique de qualité. Il en est ainsi parce qu'un objectif de recherche est la contribution que les chercheurs espèrent apporter à un champ de recherche en validant ou en invalidant une hypothèse. De ce fait, les objectifs doivent être :

- Clairs et précis pour éviter toute ambiguïté ;

- Complets pour vider la problématique abordée par le chercheur ;
- Pertinents par rapport au problème de recherche ;
- Capables d'être atteints par au moins un type de recherche ;
- Formulés à partir des verbes d'action à l'infinitif.

De ce qui précède, il est possible d'avancer que les objectifs orientent le travail de recherche, notamment, en ce qui concerne les hypothèses, le type de recherche à mener, le traitement des données, la population à étudier, le type de données à collecter, etc.

Illustration :

Le présent travail se fixe les objectifs suivants :

- Analyser le système de gouvernance du secteur touristique à la destination d'Ouarzazate dans le cadre des directives de la vision 2020 ;
- Identifier les moyens de distribution des richesses touristiques entre les agents qui ont contribué à leur création ;
- Cerner le degré d'implication et de participation de la population locale dans l'élaboration et la mise en œuvre des plans d'action touristiques ;
- Analyser les effets d'entrainement des recettes touristiques sur la croissance économique locale ;
- Mesurer l'impact de l'écotouriste sur la biodiversité et sur le patrimoine culturel de la destination ;
- Mesurer les interactions entre les parties prenantes en termes économique, social et patrimonial ;
- Évaluer dans quelle mesure les liens naissants entre les visiteurs et les autochtones respectent la charte éthique touristique ;
- Rapprocher l'existant aux objectifs, pour mettre en œuvre les écarts entre la planification et la concrétisation

des projets écotouristiques pour la destination d'Ouarzazate.

3.2 Formulation des hypothèses

Au sujet des hypothèses, il est récurrent de trouver dans la littérature les phrases suivantes :

- Au regard de notre question de recherche, nous formulons l'hypothèse suivante… ;
- Le corps d'hypothèses de ce travail se présente comme suit… ;
- Dans ce travail, nous défendons la thèse suivante… ;
- Dans ce travail, nous soutenons le point de vue selon lequel… ;
- Dans ce travail, nous voulons montrer que…, etc.

Toutes ces phrases sont généralement utilisées dans la formulation des hypothèses de recherche. L'examen de celles-ci permet d'avancer qu'une hypothèse de recherche est une réponse anticipée à la question de recherche. Dans un travail de recherche ayant une question centrale, il ne devrait y avoir qu'une seule hypothèse principale que le chercheur tente de confirmer tout le long du traitement de son problème de recherche. Celle-ci doit être :

- Précise, c'est-à-dire qu'elle donne des informations nécessaires et suffisantes pour qu'on comprenne la relation entre les phénomènes étudiés ;
- Explicable (au moins en partie) par des théories économiques, l'observation des faits ou des résultats de travaux empiriques ;
- Vérifiable, sa formulation doit être testable, et donc laisser la place à une possible, non-confirmation de l'hypothèse.

Avec le développement et le recours accru aux techniques quantitatives dans les travaux de recherche, il n'est plus rare de trouver des documents de recherche sans hypothèse de recherche. Il en est ainsi parce que certains chercheurs débutent leurs travaux par l'analyse économétrique ; ce qui rend inutile la formulation d'une hypothèse de recherche et limite ainsi à la fixation des objectifs de recherche, uniquement.

Illustration		
Hypothèse générale		**Sources**
Ha	L'objectif de croissance est faiblement assuré par les projets écotouristiques implantés à Ouarzazate	**Moisset, P. (2000). « Le tourisme durable, un concept opérationnel ».**
Sous-hypothèses		
H1	Le patrimoine naturel et culturel est un atout incontournable ayant un impact positif sur l'offre écotouristique à Ouarzazate	**Hvenegaard, G. (1994). « Ecotourism: a Status Report and Conceptual Framework ».**
H2	Les recettes écotouristiques ne répondent pas aux aspirations des intervenants	**Edwards, S, McLaughlin, W., & Ham, S. (1998). « Comparative study of ecotourism policy in the Americas », (Vol. II).**
H3	La population hôte n'est pas totalement impliquée dans la conception et la gestion des projets	**Clarkson, B. (1995). « A Stakeholder Framework for Analyzing and**

	écotouristiques à Ouarzazate	**Evaluating Corporate Social Performance ».**
Hypothèse générale		
Hb	L'impact de l'activité écotouristique sur la pérennité des ressources est plutôt négatif que positif	**Moisset, P. (2000). « Le tourisme durable, un concept opérationnel ».**
Sous hypothèses		
H4	Les intervenants de l'activité écotouristique à Ouarzazate contribuent faiblement au financement de la préservation du patrimoine naturel et culturel	**Hvenegaard, G. (1994). « Ecotourism: a Status Report and Conceptual Framework ».**
H5	Les écotouristes contribuent activement à la préservation du patrimoine naturel et culturel de la destination	**Edwards, S, McLaughlin, W., & Ham, S. (1998). « Comparative study of ecotourism policy in the Americas », (Vol. II).**
H6	La communauté locale agit positivement sur la préservation du patrimoine	**Clarkson, B. (1995). « A Stakeholder Framework for Analyzing and Evaluating**

		Corporate Social Performance ».

4. Élaboration de la méthodologie de recherche

La méthodologie est la composante qui intervient après que la problématique a été clarifiée, et la revue de la littérature effectuée. Elle permet au chercheur d'énoncer la manière dont il compte répondre à sa question centrale de recherche, en considérant les enseignements tirés de la revue de la littérature sur les méthodologies utilisées dans les précédentes recherches. Elle doit être concrète, car après avoir formulé des hypothèses sur la question centrale de recherche, le chercheur est amené à établir sa stratégie de recherche. Il s'agit de la façon dont il va s'y prendre pour vérifier ses hypothèses ou tout simplement répondre à sa question de recherche. Dans le cas d'une recherche empirique, sa stratégie de recherche est centrée autour de la collecte de données et de leur analyse.

En effet, c'est en fonction de ce qu'il veut démontrer ou des objectifs poursuivis que le chercheur détermine le type de données à collecter, leur mode de collecte et celui de leur analyse. Ces données peuvent être des statistiques agrégées, des données sociodémographiques, des données sur les comportements observés, des données administratives ou encore des opinions. Lorsqu'il s'agit d'une recherche théorique, il est indispensable de définir le corpus théorique qui va faire l'objet de l'analyse, ainsi que l'angle sous lequel l'analyse sera menée et la méthodologie qui sera utilisée (modélisation théorique, élaboration des scénarios avec l'apport de la théorie des jeux ...).

Afin de s'assurer qu'il a rempli son cahier de charges, le chercheur doit être certain que sa méthodologie permet de donner des réponses aux questions suivantes : Comment s'y prendre pour répondre à la question de recherche ? Quel type d'informations doit-il chercher ? Où va-t-il les chercher : Auprès de qui ou de quoi ? En posant quelles questions ? Sous quelle forme ? Questionnaires, Entretiens dirigés ou semi-dirigés ? Données d'archives ou d'enquête ? Quel échantillon ? Analyse du discours ? Comment ? Analyse d'un courant de pensée, de la pensée d'un auteur ? Dans quelles perspectives ?

5. Traitement des données et interprétation des résultats

Dans le paragraphe précédent, nous avons explicité la stratégie du chercheur pour l'élaboration de son travail de recherche. Au niveau du présent paragraphe, nous allons présenter les différentes pistes d'analyse et d'interprétation des résultats dégagés par un travail de mémoire ou de thèse.

5.1 Analyse des résultats d'un travail de recherche

Le processus d'analyse d'un travail de recherche se présente ainsi :

* ***L'analyse des "faits stylisés"***, lesquels sont des relations entre grandeurs économiques, ou des évolutions d'une grandeur particulière, que la majorité des économistes s'accorde à observer dans la réalité. Il s'agit donc des régularités constatées sur le plan empirique. Ces relations sont en général décrites de manière très grossière (le phénomène de type A évolue dans le même sens que le phénomène de type B, l'augmentation de l'agrégat C est moindre que celle de l'agrégat D sur le long terme...) et concernent le plus souvent des tendances de long terme.

* ***L'analyse des données qualitatives***, collectées à partir des méthodes accélérées de recherche participative. Ces méthodes accordent un grand rôle à la population qui peut, ainsi, partager ses points de vue sur ses problèmes et les solutions à apporter pour mieux planifier et agir en conséquence. Il s'agit donc de données provenant de

l'observation directe, de coupes transversales, de cartes sociales, de focus groupe/interviews semi-structuré, de l'arrangement (Ranking) général, de l'utilisation du temps et de l'analyse des aspects de genre, de l'aperçu historique, des histoires de vie (ou des récits de vie), etc.

* ***L'analyse statistique***, qui permet la description des données à partir des caractéristiques de tendance centrale et de dispersion. Elle permet également de faire un éventail d'analyses de données telles que : l'analyse en composantes principales (ACP) destinée aux variables quantitatives ; l'analyse factorielle de correspondance (AFC) qui s'applique à deux variables qualitatives nominales ; l'analyse des correspondances multiples (ACM), qui généralise l'AFC à un nombre quelconque de variables.

* ***L'analyse économétrique***, qui permet l'estimation de divers modèles (modèle de régressions multiples, modèles à variables dépendantes limitées, modèles à variables dépendantes censurées, modèles à effets fixes, modèles à effets aléatoires...) à partir des techniques appropriées (technique de cointégration, technique du maximum de vraisemblance, technique des doubles moindres carrés ou technique des variables instrumentales, technique d'estimation en deux étapes de Hausman...). La technique d'estimation est choisie en tenant compte des biais détectés par le chercheur.

Lors du traitement des données d'un travail empirique, les travaux des économistes font de plus en plus appel aux techniques quantitatives en général, et à l'économétrie en particulier. En tant qu'économiste non expert en économétrie, le travail du chercheur pourra être suivi par un collègue mieux aguerri ou par un tiers (économètre, ingénieur statisticien économiste, ingénieur de travaux statistiques, etc.). La présence du chercheur lors du traitement des données est par conséquent indispensable à plus d'un titre :

- D'abord, parce que le chercheur doit connaître toutes les étapes, et être en mesure de les restituer dans son travail ;
- Ensuite, parce que l'identification de certains biais nécessite des connaissances théoriques et/ou du champ d'investigation dont l'intervenant (économètre, statisticien, etc.) ne dispose pas toujours ;
- Enfin, parce que lors du traitement des données, il peut être utile de tester plusieurs hypothèses, ou que les résultats fassent l'objet d'autres types de traitements que la personne en charge ne perçoit toujours pas, ou tout simplement qu'elle refuse d'effectuer le travail additionnel.

5.2 Interprétation des résultats de la recherche

En ce qui concerne l'interprétation des résultats, il importe de relever que celle-ci se fait par rapport à la question centrale pour laquelle le chercheur propose une réponse au regard de son champ d'investigation. Dans cette optique, l'analyse *variable par variable* contribue généralement à diluer l'interprétation des variables d'intérêt, puisque certaines variables ne sont retenues dans l'analyse économétrique qu'en qualité de variables de contrôle ou d'environnement, uniquement. Ainsi, pour ne pas s'écarter de l'objet de la recherche et, particulièrement, de la question centrale de recherche dans l'interprétation des résultats, le chercheur peut s'aider du tableau suivant :

Tableau 4 : Correspondance entre les hypothèses, les résultats obtenus et les enseignements

Rappel de l'objet de la recherche **Rappel de la question centrale de la recherche**		
Hypothèses attachées au champ d'investigation	**Résultats issus du traitement des données**	**Enseignement**
Hypothèse 1	**Résultat 1** - Confrontation du résultat 1 avec l'hypothèse 1 ; - Confrontation du résultat 1 avec les travaux antérieurs (revue de la littérature) ; - Implications de politique économique. **Résultat 2** - Confrontation du résultat 2 avec l'hypothèse 1 ; - Confrontation du résultat 2 avec les travaux antérieurs (revue de la littérature) ;	**Enseignement I** : tiré des résultats 1 et 2 en rapport avec la question centrale de recherche et/ou l'objet de la recherche

	- Implications de politique économique.	
Hypothèse 2	**Résultat 3** - Confrontation du résultat 3 avec l'hypothèse 2 ; - Confrontation du résultat 3 avec les travaux antérieurs (revue de la littérature) ; - Implications de politique économique. **Résultat 4** - Confrontation du résultat 4 avec l'hypothèse 2 ; - Confrontation du résultat 4 avec les travaux antérieurs (revue de la littérature) ; - Implications de politique économique.	**Enseignement II** : tiré des résultats 3 et 4 en rapport avec la question centrale de recherche et/ou l'objet de la recherche.

Source : Kasse (2018)

Pour réussir cette séquence du travail de recherche, il est important, à priori, de faire la distinction entre l'analyse des résultats et leur interprétation. Lors de l'analyse, le chercheur rend compte des résultats par rapport à l'objet de la recherche. Mais, dans l'interprétation, il va au-delà de l'analyse en donnant un sens aux résultats par rapport au contexte théorique de la recherche et à la problématique de la recherche.

De plus, il met en perspective, également, ses résultats, en faisant ressortir les pistes de recherche vers lesquelles ils conduisent. En d'autres termes, dans l'interprétation des résultats, la tâche du chercheur consiste à insérer les résultats obtenus dans la problématique d'ensemble, afin de montrer leur pertinence et d'indiquer quelles recherches nouvelles pourraient être entreprises sur la base de ces résultats.

Pour y arriver, il est indispensable d'évaluer la correspondance entre les hypothèses, les résultats et les enseignements, avec en rappel l'objet de la recherche et la question centrale. Le chercheur est appelé à vérifier si ses résultats ont permis d'apporter les réponses aux questions suivantes : en quoi les résultats obtenus permettent-ils de répondre à la question de recherche ? Quelle est leur contribution à la solution du problème de recherche ? Comment la problématique s'en trouve-t-elle enrichie ? Quel concept faudrait-il ajouter ou modifier au sein de la théorie ? Comment la théorie se trouve-t-elle modifiée par ces résultats ? Quelles recherches faudrait-il maintenant entreprendre ?

6. Autres aspects de la rédaction d'un travail de recherche

En dehors des séquences présentées, il est nécessaire d'examiner les aspects relatifs à la conclusion d'un travail de recherche et à la conception d'un plan de travail. Ces différents aspects constituent l'objet de ce paragraphe.

6.1 Conclusion d'un travail de recherche

La conclusion reprend et donne un nouveau sens aux questions initialement posées dans l'introduction. Dans cette dernière partie du travail, le chercheur formule un certain nombre d'affirmations au regard de ses résultats et énonce dans quel sens la question centrale de recherche pourrait être approfondie. Dans cette optique, la conclusion comporte deux parties : la synthèse de la recherche et l'élargissement du sujet.

En ce qui concerne la synthèse, il y a lieu de relever le fait que les conclusions auxquelles arrive le chercheur sont toujours relatives, sinon provisoires, car elles sont liées à un cadre de connaissances données et à un stade particulier du processus de formation. Tous ces facteurs sont appelés à évoluer. Malgré tout, la recherche a, sans doute, permis de redéfinir les termes de la réflexion par rapport à la question étudiée.

Au sujet de l'élargissement de la réflexion, le chercheur doit replacer son travail dans un cadre plus général qui permet d'envisager d'autres perspectives de recherches. Il doit se poser la question de savoir comment et selon quels termes poursuivre la réflexion.

6.2 Plan d'un travail de recherche

Après avoir pris des notes et collecté des documents nécessaires à notre entreprise de recherche, nous devons élaborer un plan de travail. Il s'agit d'une présentation organisée d'un travail de recherche dans le but de le valoriser.

Dans la littérature en sciences économiques, il est fréquent d'être en présence de deux types de plans, chacun ayant plusieurs variantes. Il s'agit du *plan linéaire* et du *plan binaire*. Il est évident que les questions qui viennent immédiatement à l'esprit sont celles de savoir quel est le meilleur plan ? Quels sont les avantages et les inconvénients de chaque type de plan ?

- **Exemple d'un plan anglo-saxon (linéaire)**

Introduction

- Contexte et justification (théorique/champ d'investigation)

- Problématique
- Objectifs et hypothèses
- Annonce de la structure du document

Revue de la littérature (*plusieurs présentations sont possibles, parmi lesquelles cette présentation basique)* :

- Revue des travaux théoriques ;
- Revue des travaux empiriques ;
- Enseignements de la revue de la littérature.

Méthodologie (*plusieurs méthodologies sont possibles. Ici, nous présentons le cas d'un travail qui recourt à l'analyse économétrique*) :

- Modèle théorique ;
- Modèle à des fins d'estimation.

Présentation et interprétation des résultats :

- Présentation des résultats ;
- Interprétation des résultats ;
- Conclusion.

Cette présentation d'un travail de recherche tend à s'universaliser dans le domaine des sciences économiques. Elle fixe un cadre rigide sur la forme, mais qui répond avant tout à des exigences méthodologiques de fond, bien au-delà de ce simple aspect formel. Aussi, ce plan de présentation d'un travail de recherche est-il rédigé dans cet esprit, présentant forme (règle de rédaction scientifique) et fond (guide méthodologique) comme un tout, sans séparer les différentes séquences. L'objectif étant de présenter la forme plus en tant qu'outil méthodologique qu'une fin en soi.

- **Articulation d'un plan binaire (dichotomique ou par opposition)**

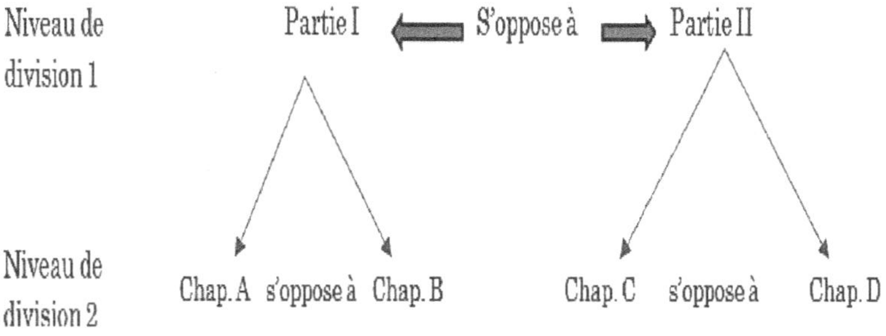

Pour cette présentation en plan binaire, chaque division se ramifie en deux subdivisions. Les propositions, au moins aux niveaux majeurs (parties, chapitres), sont formulées en couples d'opposition. Pour réussir l'élaboration d'un tel plan, il est indispensable d'ordonner et de structurer ses idées de manière à ce que la réflexion sur le sujet progresse de façon logique et cohérente et réponde à la question posée dans la problématique. Il s'agit donc de déterminer les idées principales et secondaires qui structurent la réflexion du chercheur et d'établir des liens entre les idées pour qu'elles s'enchaînent.

Au risque de décevoir le lecteur, nous pouvons dire qu'il n'y a pas de bon ni de mauvais plan. N'oublions pas qu'un plan est élaboré pour mettre en valeur le travail de recherche. De ce fait, un plan qui ne permet pas d'atteindre cet objectif est un mauvais plan et celui qui permet de l'atteindre est un bon plan. Un chercheur qui s'engage dans un plan binaire et qui ne dispose pas d'assez d'éléments pour l'alimenter s'expose au risque de faire du bourrage et donc d'avoir des sections ou des paragraphes de son document complètement hors sujet. De même, lorsqu'il y a suffisamment de matière et des aspects à mettre en valeur, le plan linéaire peut conduire le chercheur à les noyer dans un tout qui finalement ne milite pas en faveur de la valorisation du travail de recherche.

Deuxième partie :
La forme d'une thèse ou d'un mémoire de fin d'études

L'objectif de ce guide est double : d'une part, proposer un cadre de référence pour la réalisation d'un travail de recherche (première partie) et, d'autre part, faciliter la rédaction d'une thèse.

Une thèse de doctorat est une contribution originale, une production de l'esprit, le fruit d'un travail de recherche présenté de manière méthodique selon des standards académiques dans un document. Ce dernier, après validation, fait l'objet de soutenance devant un jury qui octroie le titre de docteur, grade justifié par un diplôme administratif.

Afin qu'il soit validé, le manuscrit doit remplir un certain nombre de conditions de fond et de forme. Son évaluation porte sur les deux volets en vérifiant la pertinence de la qualité de son contenu ainsi que sa forme en vérifiant sa structuration, sa clarté et sa lisibilité.

Sachant qu'il n'y a pas de fond sans forme[1], cette partie vise à donner des éclaircissements relatifs au volet forme d'un travail de recherche en ciblant non seulement sa lisibilité mais aussi sa visibilité, notamment dans ce contexte du numérique et de l'évolution des technologies qui facilitent la diffusion électronique et servent le rayonnement de la recherche. C'est pourquoi, l'accès aux différentes étapes du travail de recherche (l'objet, la démarche, les résultats et les conclusions) doit être clair et cohérent.

---

[1] Parmi les auteurs qui insistent sur l'importance de la forme, nous citons : Victor Hugo / écrivain français: « *Quand on n'est pas intelligible, c'est qu'on n'est pas intelligent* ». Il ajoute : « *La forme c'est le fond qui remonte à la surface* ». Selon Gustave Flaubert / écrivain français : « *De la forme naît l'idée* ». Et selon, Jacques Ferron / écrivain canadien : « *Ce qui est sans forme est sans couleur* ».

En effet, en l'absence de conventions et des règles de mise en forme d'une thèse de doctorat à l'échelle de l'université (ou de l'école doctorale), nous proposons, selon des standards internationaux et des documents académiques d'autres universités, quelques règles de base dans la rédaction d'une thèse de doctorat.

Ainsi, la rédaction exige une cohérence, une synergie et une logique de présentation des idées, leur agencement depuis l'introduction générale jusqu'à la conclusion générale, sachant que la recherche suit un processus circulaire basé sur le va-et-vient entre les différentes composantes du travail.

Premier chapitre :
Les composantes d'une thèse

Les composantes d'une thèse ou d'un travail de recherche se lisent généralement à travers la table des matières et le sommaire. Mais avant, plusieurs informations nécessaires doivent figurer dans la page de garde.

1- La page de couverture et la page de garde

Les éléments qui composent la première page de couverture dans une thèse sont identiques à ceux qui figurent dans la page de garde, qui sont : les logos de l'université et de l'établissement, sur une même ligne, le nom du Cedoc, du laboratoire et de l'établissement (faculté, école…), le type de doctorat et le champ disciplinaire, le titre de la thèse, la date de soutenance, les noms et prénoms de l'encadrant (e), du coencadrant s'il existe, du doctorant (e), des membres de jury en mentionnant leurs fonctions dans le jury et puis l'année universitaire en bas de la page.

La page de couverture, en format papier cartonné, est donc identique à la page de garde en format papier normal. Le modèle suivant montre clairement les composantes ainsi que leur emplacement dans la page :

Logo de l'université Logo de l'établissement

Centre d'Études Doctorales en ....
Laboratoire de Recherche......

Faculté ....

Thèse pour l'obtention de Doctorat en Sciences ......
Sous le titre :

Titre

Soutenue publiquement le .. /.. /....

Préparée par : Nom et Prénom du doctorant (e)

Sous la Direction de : Pr. Nom et Prénom

Devant le jury composé de :
Pr. Nom et prénom : *Établissement, Université*, Président (e) du jury
Pr. Nom et prénom : *Établissement, Université*, Directeur (trice) de thèse
Pr. Nom et prénom : *Établissement, Université*, Rapporteur (e)
Pr. Nom et prénom : *Établissement, Université*, Rapporteur (e)
Pr. Nom et prénom : *Établissement, Université*, Examinateur (trice)

Année Universitaire : 20.... - 20....

2- Le titre

Généralement, le choix du titre d'une thèse de doctorat n'est pas définitif. Il est susceptible d'être revu au cours du travail pour que, vers la fin, il puisse répondre complètement à l'idée débattue tout au long de la recherche. Son évolution doit l'orienter vers plus de précision et de concision en contenant des concepts clés reflétant la problématique ou l'idée principale de réflexion. Il figure au milieu de la page de garde, écrit en caractère gras, police de grande taille.

Les autres composantes de la thèse sont à dégager en lisant la table des matières qui se rédige généralement vers la fin du travail selon les usages français et à son début selon la culture anglo-saxonne.[2]

3- La table des matières

La table des matières contient le plan de travail détaillé qui trace l'itinéraire suivi et dont les points de départ et d'arrivée sont à préparer et à décider depuis la réflexion de départ.

La table des matières précise l'ensemble des éléments détaillés qui composent le travail depuis les dédicaces jusqu'à la table des matières elle-même :

- Dédicaces
- Remerciements
- Résumé Abstract /Resumen/ملخص
- Sommaire
- Sigles
- **Introduction générale**
- **Première partie**[3] (avec introduction de la partie, deux chapitres au minimum avec leurs introductions et leurs conclusions, titres ou sections et/ou axes et l'ensemble des sous-titres et conclusion de la partie)
- **Deuxième partie** (identique à la première)
- **Conclusion générale**
- Annexes
- Bibliographie
- Webographie
- Index des tableaux
- Index des figures
- Index des diagrammes et/ou index des cartes

---

[2] Dans certains travaux, on commence par la table des matières et le sommaire apparait vers la fin du travail.

[3] Il est possible d'opter pour des chapitres directement sans passer par les parties.

- Table des matières

Les éléments de la table des matières (divisions et subdivisions avec leur numéro) doivent être accompagnés de leurs numéros de page correspondants dans le manuscrit après son achèvement, c'est la clé de consultation du travail. Elle peut être créée automatiquement à l'aide du logiciel Word, des applications ou logiciels qui servent d'outils facilitant la présentation des sommaires et des tables des matières. Exemples : OpenOffice, Google Doc, ... etc.

Les éléments qui figurent depuis l'introduction générale jusqu'à la conclusion générale constituent le corps de la thèse et font l'objet du sommaire, sans qu'ils soient détaillés (parties et chapitres seulement, ou chapitres et sous-sections seulement).

3-1 Dédicaces

Après la page de garde, une page est réservée aux dédicaces. Ainsi, l'auteur(e) peut présenter un hommage à une ou plusieurs personnes de son choix sous forme de dédicace. Cette dernière, écrite sous forme d'un message bref, est placée au début du travail (thèse ou livre) pour valoriser une relation avec une personne influente ou pour exprimer un témoignage reflétant des sentiments de gratitude ou d'amitié envers des personnes qui ont constitué une source de motivation et d'énergie positive.

Il est à rappeler que les dédicaces ainsi que les remerciements sont facultatifs.

3-2 Remerciements

L'auteur (e) peut aussi exprimer des remerciements à une ou plusieurs personnes référentes, qui ont contribué directement ou indirectement à la réalisation du travail. Ces personnes peuvent être : directeur-rice- de thèse, co-encadrant –e, laboratoire de recherche, administration ou tout autre organisme qui a accordé des services au chercheur-(e) en faveur de la recherche...etc.

Que ce soit pour les dédicaces ou pour les remerciements, il est souhaitable que la police d'écriture soit différente de celle du manuscrit. Le choix doit porter sur un style lisible en évitant l'écriture en majuscules.[4]

3-3 Résumé / Abstract/ Resumen/ملخص

Quel que soit le nombre de pages dans un travail scientifique, le résumé est nécessaire pour que le-la lecteur-trice puisse avoir une idée globale sur le contenu du manuscrit. Ainsi, l'intérêt du sujet, la problématique, l'objectif de la recherche, la méthode suivie ainsi que les conclusions essentielles, sont des éléments à écrire sous forme d'un texte succinct/résumé (5 et 10 lignes) en présentant vers la fin les mots clés de la recherche (cinq mots au maximum dont deux ou trois sur les concepts, un ou deux sur les méthodes, et un sur le terrain d'étude).

Afin de servir une large base variée de lecteurs/trices, le résumé et les mots-clés font, généralement, l'objet de la traduction en une, deux, voire trois langues différentes de la langue initialement utilisée dans le travail de recherche.

3-4 Sommaire

Comme son nom l'indique, le sommaire est une présentation succincte (sommaire) de la table des matières qui est plus détaillée que la première. Celui-ci ne contient que l'introduction générale, les parties, les chapitres, les sections et la conclusion générale en mettant la page convenable devant chaque titre. Il indique au lecteur les composantes essentielles du travail en facilitant l'évaluation du niveau d'équilibre des parties et chapitres (leur nombre ainsi que le nombre de pages réservées à chaque partie de la thèse).

Le chercheur est appelé à consulter une infographie qui offre de bons conseils sur l'utilisation des polices.

3-5 Sigles/liste des abréviations

Juste après le sommaire, se place la liste des sigles pour faciliter la lecture du texte.

Un sigle est une abréviation (réduction d'un mot en une ou des lettres) composée uniquement des lettres initiales d'un groupe de mots (une seule lettre par mot). Exemples : PME (Petites et Moyennes Entreprises), PNB (Produit National Brut), OPEP (Organisation des Pays Exportateurs de Pétrole), PDG (Président Directeur Général) ...etc.

Il est à préciser qu'un acronyme est un sigle prononcé comme un mot ordinaire. Il peut comporter, contrairement au sigle, des lettres autres que des initiales et qui se prononcent comme un seul mot. Exemples : IMANOR (**I**nstitut **MA**rocain de **NOR**malisation), Radar (**RA**dio **D**etecting **A**nd **R**anging), ... etc.

Il est à noter que ce genre d'abréviations s'écrit en majuscules. Et afin qu'il soit bien compris par le lecteur, un sigle ou un acronyme ne peut être écrit ainsi qu'en écrivant l'appellation totale une fois mentionnée pour la première fois dans le texte en mettant l'abréviation entre parenthèses. Par la suite, une fois que le mot se répète, on adopte l'abréviation, déjà citée, sans parenthèses.

3-6 Glossaire

Le glossaire est une liste rangée par ordre alphabétique des mots du vocabulaire spécialisé, des mots spécifiques au domaine de recherche, qui y est utilisé.

Les pages présentant l'ensemble de ces éléments, avant l'introduction générale, ne sont pas numérotées ou elles sont numérotées différemment (en chiffres romains par exemple) du reste des pages dont la numérotation commence par le numéro 1 à partir de l'introduction générale.

3-7 Introduction générale

L'introduction générale se rédige en dernier lieu (après la conclusion). Comme son nom l'indique, elle introduit le travail dans son ensemble. Donc, on ne peut y réfléchir qu'après avoir une idée complète sur le travail et son cheminement définitif.

Elle contient essentiellement :

- ✓ Le contexte général d'analyse (il peut avoir une dimension internationale, nationale, régionale ou locale). Il s'agit de montrer que cette recherche s'impose dans un contexte qu'il faut bien délimiter.
- ✓ L'intérêt du sujet. Il s'agit de montrer en quoi le sujet choisi est intéressant, en quoi il sert à dégager une valeur ajoutée à la connaissance scientifique, à montrer son originalité. Donc, à partir d'une certaine limite des travaux existants, on peut aspirer à un approfondissement ou à une vérification des apports théoriques dans un contexte différent d'une ou de plusieurs théories développées.
- ✓ La problématique et l'objet de la recherche : la phase d'identification d'un problème général de recherche en formulant une seule question principale et des questions spécifiques ou subsidiaires. (*Cf. Supra*)
- ✓ Le positionnement épistémologique (*Cf. Supra*)
- ✓ La méthodologie d'approche. (*Cf. Supra*)
- ✓ Les moyens et les outils d'investigation (*Cf. Supra*)
- ✓ Les grandes lignes du plan.

Les éléments relatifs au positionnement épistémologique, à la méthodologie d'approche et aux moyens et outils d'investigation sont à préciser en détail dans la partie ou chapitre empirique.

Qu'on est-il du chapitre introductif ?

Dans certaines recherches, lorsqu'une étude historique est intéressante à mener ou lorsque certains concepts méritent plus d'éclaircissements ou pour d'autres raisons, on peut opter pour un chapitre introductif.

Il est à noter qu'il n'existe pas de plan universel et standard. Chaque discipline suit une logique propre. En sciences économiques, le plan doit respecter le fil conducteur, le cheminement logique des idées structurées en blocs. Parmi les choix du corps de la thèse, on peut recourir au type suivant [5]:

3-8 Première partie (composée de l'introduction, de chapitres, titres, sections et/ou axes et de l'ensemble des titres et sous-titres détaillés et de la conclusion)

Le nombre de parties et sous-parties : la thèse est divisée en ensembles hiérarchisés. Ainsi, les parties (minimum deux) sont subdivisées en chapitres (minimum deux), qui sont composés de sous-chapitres (minimum deux), eux-mêmes composés de sections ou axes (minimum deux pour chacun). L'introduction et la conclusion de la partie tout comme pour les chapitres sont nécessaires.

Quel que soit le choix du plan (structuré en parties puis en chapitres ou en chapitres directement), le premier chapitre est le premier texte qui fait l'objet de rédaction. Il a pour rôle d'introduire le sujet et la problématique qui seront abordés dans le travail de recherche.

Ainsi, le sujet s'inscrit généralement dans un cycle de travaux de recherche qui ont traité la question et l'auteur est ainsi appelé à faire la description des éléments connus, l'état des lieux des différents résultats des recherches antérieures, ce qui va justifier le choix du sujet et de poser la question de recherche à formuler vers la fin du chapitre.

---

[5] Il est possible de structurer le plan d'une recherche sur la base de plusieurs chapitres enchainés sans recourir aux parties.

Dans ce cheminement, et après avoir présenté la problématique, le deuxième chapitre est généralement consacré à établir le cadre théorique en dégageant les concepts, les modèles, les théories et les hypothèses formulées par les autres chercheurs en traitant la même thématique.

À ce niveau, la question de recherche évoquée dans le premier chapitre mérite qu'elle soit mise en valeur sur la base de cette revue de littérature. Elle sera donc reformulée dans le sens de la clarté, de la précision et de la pertinence en se basant sur des concepts clarifiés au niveau de ce chapitre.

À ce niveau, l'objet de recherche ainsi que la question principale rendent les approches différentes en dictant une approche quantitative ou une approche qualitative voire une approche mixte. Le choix de l'une ou de l'autre dépend de la formulation de la question de recherche.

Ainsi, en suivant une approche quantitative, qui vise à **prédire et à expliquer** une relation causale, le chapitre prend la forme d'une synthèse de la revue de littérature et donc des résultats des études précédentes en dégageant une hypothèse ou parfois plusieurs hypothèses à vérifier et des questions spécifiques.

Lors d'une approche qualitative, suivie lorsque l'objectif de la recherche est de **comprendre et décrire** le phénomène évoqué dans l'étude ou une situation. Le chapitre se base sur une analyse des données connues permettant d'élaborer un modèle de départ qui fera l'objet d'une collecte de données par observation ou par entrevues.

Si le plan choisi porte sur des parties, on passe à la seconde à caractère empirique en la ventilant en, au moins, deux chapitres. Un chapitre consacré à la présentation de la méthodologie de recherche, et un ou deux autres à la présentation des résultats, leurs interprétations et leur discussion. Si le plan porte sur des chapitres, on passe directement au troisième et au quatrième voire au cinquième.

3-9 Deuxième partie

Le chapitre consacré à la présentation de la méthodologie de recherche doit argumenter le choix de la démarche susceptible de répondre à la question de recherche, présenter les outils de recherche conformément à chaque démarche (quantitative : questionnaire, enquête, tableaux statistiques…, ou qualitative : entrevues, études de cas, observation participante ou non, analyse du texte…), décrire la procédure détaillée de collecte d'information (population cible, échantillon, instruments et techniques de collecte de données) et d'analyse et traitement des données (outils statistiques et logiciels). Ces éléments sont à présenter de manière méthodique en recourant à des sections et à des sous-titres.

Le deuxième chapitre (ou 4ème en cas de choix des seuls chapitres) consacré à la présentation des résultats, leurs interprétations et leur analyse permettant de dégager par la suite des conclusions à présenter dans la conclusion générale.

Ainsi, lors de la présentation des résultats et observations dégagées, on met l'accent sur les éléments essentiels et significatifs par rapport à la question essentielle de recherche. Ces résultats sont présentés généralement, dans le cas d'une approche quantitative, sous forme de tableaux, figures et graphiques, et dans le cas d'une approche qualitative, sous forme d'une synthèse des réponses en présentant quelques extraits plus expressifs.

Dans ce même chapitre ou dans un autre à part, la logique exige de passer à l'interprétation des résultats et leur discussion. La liaison est à présenter entre la question de recherche, les données collectées et les résultats obtenus.

Ainsi l'interprétation des résultats doit porter sur la lecture des éléments clairs ainsi que sur les muets des tableaux et graphiques... ou du résumé synthétique des réponses.

Les introductions et les conclusions des parties et des chapitres

La rédaction des parties et chapitres exige qu'ils soient introduits au départ et puis d'en dégager leurs conclusions. Ces étapes assurent la cohérence et l'enchainement logique des idées et donc exigent un style et des techniques d'expression appropriées.

3-10 Conclusion générale

La conclusion générale ce n'est pas le résumé. Elle permet de ressortir les conclusions générales du travail, tirées des principaux résultats dégagés, en répondant à la question centrale de recherche lancée depuis l'introduction générale. On n'y ajoute pas de nouvelles informations. Mais, étant une partie qui attire l'attention des lecteurs – trices, elle peut contenir des rappels concernant la problématique, la question centrale de recherche, l'essentiel dans la démarche méthodologique, dans les résultats obtenus et la valeur ajoutée théorique ou pratique de cette recherche.

Sans la conclusion, c'est comme si une maison est construite sans toit, d'où l'importance à accorder à cette phase de recherche qui permet de valoriser l'analyse scientifique et de montrer son utilité. Là où les conclusions déduites servent à la construction de la science, à la génération de connaissances dans le domaine scruté tout au long de la thèse.

Vers la fin, le chercheur peut mentionner certaines limites objectives rencontrées ou constatées lors de la recherche afin d'ouvrir une ou plusieurs pistes de débat et de nouvelles questions de recherche.

Quelles que soient les conclusions dégagées, c'est la démarche de recherche et la qualité du processus suivi qui attirent l'attention et qui font l'objet d'évaluation.

3-11 Annexes

Certains documents sont utilisés dans une thèse, mais parce qu'ils contiennent des détails qui se rattachent au travail, ils se placent dans une partie réservée aux annexes sous forme de pièces jointes afin, d'une part, de ne pas alourdir le texte initial, et d'autre part, de permettre au lecteur de consulter plus de détails par rapport à un point soulevé. Une annexe est un appui à la recherche, elle peut prendre la forme d'un organigramme d'un organisme, d'un protocole d'enquête, d'un questionnaire, d'un guide d'entretien ou de focus groupe, des entrevues individuelles ou de tableaux statistiques ...etc.

Les annexes sont numérotées selon l'ordre de leur citation dans le texte (Annexe 1, Annexe 2...) sans dépasser une dizaine au maximum.

L'emplacement des annexes **juste avant la bibliographie** ou **juste après la webographie** n'est pas hasardeux, elles constituent également des documents de référence mais qui sont consultables directement.

3-12 Bibliographie

La bibliographie regroupe l'ensemble des références bibliographiques exploitées dans l'élaboration de la thèse. Elle exige une organisation en suivant un plan convenable aux éléments inclus dans le travail. Exemple :

I- Ouvrages, manuels et travaux universitaires (présentation par ordre alphabétique des noms des auteurs et par année) : La présentation des ouvrages se fait par ordre alphabétique des noms des auteurs et par année : Nom, Prénom (ou seulement la première lettre), Année. Titre. Maison d'édition, numéro de l'édition, Collection (si elle existe), nombre total de pages : XY p) (s'il existe des tomes, à préciser Tome I, Tome II...)

II- Collectifs, colloques, congrès, conférences, séminaires et rapports

1. Collectifs
2. Colloques, congrès…
3. Rapports

III- Articles/périodiques et ouvrages

IV- Revues, Médias et Divers

1. Revues (adresse complète)
2. Médias/presse écrite
3. Divers : Dictionnaires et encyclopédies (adresse complète tout comme les ouvrages) ; Documents juridiques, statistiques et autres (plans de développement, allocutions des ministres, documents internes des administrations…etc.)

3-13 Webographie

La webographie est l'ensemble des références consultées sur le web. Sa présentation se fait par ordre alphabétique des noms des auteurs et par année ou par ordre alphabétique des sites, en insérant le lien de la référence et en mentionnant la date de consultation (consulté le ../../….).

3-14 Index des tableaux

Les tableaux doivent être numérotés dans le texte. Chaque tableau a un numéro (Exemple : tableau 1, tableau 2…), un titre en haut du tableau et une source en bas du tableau. Leur ordre est à respecter dans l'index en y mentionnant leur page correspondante.

3-15 Index des figures

La même logique signalée dans le cas des tableaux est suivie dans le cas des figures : numéro, titre et source.

3-16 Index des diagrammes et/ou index des cartes

C'est le cas aussi pour les diagrammes et/ou des cartes : numéro, titre et source.

3-17 Table des matières

La table des matières est à mentionner vers la fin de la table des matières en indiquant sa page correspondante dans le manuscrit.

Deuxième chapitre : Les règles complémentaires de rédaction d'une thèse de doctorat

Il existe des conventions et des règles de mise en forme que l'on retrouve assez souvent pour les documents académiques comme un mémoire ou une thèse.

Dans cet article, nous allons revenir sur les règles de mise en page de base pour un mémoire ou une thèse.

Nous verrons quelle police de caractères à utiliser, ainsi que les règles de mise en page à respecter pour le texte et les pages de votre document.

1- Le format de la thèse

Il est recommandé par plusieurs établissements universitaires qu'une thèse soumise pour l'obtention d'un doctorat national comprend au moins 180 pages, en supposant qu'une thèse est composée de deux parties, divisées en deux chapitres chacune et qu'un chapitre s'écrit sur environ 30 pages ; donc une partie (composée de deux chapitres minimum) s'étalera sur, environ, 60 pages. Les deux parties s'écrivent donc sur, environ, 120 pages.

Les 60 pages restantes sont étalées entre l'introduction générale, la conclusion générale, les annexes, la bibliographie, la table des matières et les index ; soit 180 pages au total.

2- Les citations ou les extraits dans le texte

- ✓ Le chercheur peut choisir les extraits qu'il veut reproduire textuellement sans dépasser 5 ou 6 lignes. Il peut faire des coupures qu'il indique par des points de suspension entre accolades [...]. Elles signifient que la coupure de l'idée est faite par le chercheur et pas dans la référence. Or, une telle coupure ne doit pas changer le sens de l'idée qui y est développée en respectant la pensée de l'auteur-e.
- ✓ Toute citation et tout emprunt à un auteur seront mis entre guillemets dans le mémoire «...» en *Italique*. C'est un acte de probité intellectuelle. Sinon, il sera considéré comme du plagiat en s'appropriant les

travaux des autres, ce qui est d'ailleurs détectable facilement par les logiciels antiplagiat.

✓ Une idée d'un-e auteur-e peut être reformulée sans changer son sens en l'écrivant dans le format du texte et en insérant, vers la fin de l'idée, la référence correspondante (là où l'idée est développée par l'auteur-e).

✓ Tout ce qui fait l'objet d'explication ou de précision et/ou de référence doit figurer dans les notes de bas de page.

✓ Il est recommandé de ne pas insérer plusieurs citations dans une page en n'occupant que 20 à 25 % maximum de ladite page.

3- Les notes de bas de page

Les notes de bas de page sont générées de manière automatique sur le logiciel Word en cliquant sur les références.

Une note de bas de page est généralement insérée dans le manuscrit vers la fin d'une phrase, en relation avec le contenu de la note, en se plaçant automatiquement en bas de page avec un numéro en dessous du séparateur des notes de bas de page.

Elle sert, d'une part, à éclaircir, à expliquer ou à compléter une idée soulevée dans le texte afin de ne pas l'alourdir par des détails, et d'autre part, à présenter la référence ou la source d'une citation ou d'une information évoquée dans le texte.

Le format de la référence dépend du style de la citation et de la nature de la source (ouvrage, article…).

Ainsi, dans la présentation d'une référence, on utilise souvent des locutions telles que : Op.cit, ibid, idem, ibidem, Cf. infra, Cf. supra, alii, dir., …etc.

Op.cit. : locution (écrite en italique) qui signifie que la référence est déjà citée dans une page précédente. Elle est éloignée de quelques pages ou si une ou plusieurs autres références sont intercalées entre les deux.

Si c'est pour la première fois qu'on va citer une référence, on met le nom de l'auteur, l'année, le titre, la maison d'édition et la page correspondante de la citation dans la référence citée. Dans une seconde occasion pour citer la même référence, on se limite à écrire le nom de l'auteur voire même l'année, et on met trois points de suspension suivis d'une virgule puis l'expression : *Op.cit.*, en mentionnant la page correspondante : p. x.

Ibidem. /ibid. /ib. : Ces abréviations sont des locutions (qui s'écrivent en italique) qui signifient que la référence en cours est citée au même endroit ou dans le même passage déjà cité. Au niveau des notes de bas de page, elles précisent que la citation ou l'idée figure dans une référence citée immédiatement avant. Donc, elles permettent d'éviter les répétitions et donc elles sont utilisées lorsqu'on fait appel à une source plusieurs fois et successivement dans le texte. Sinon, si la référence est décalée par des pages ou d'autres références, on utilise *Op. Cit.*, comme indiqué auparavant.

Entre ces trois expressions, *Ibid.* est la plus utilisée. Elle est l'abréviation d'*Ibidem* qui est abrégée, à son tour, en *ib.* Donc, le-la chercheur-re est appelé-e à choisir l'une ou l'autre en l'utilisant de manière standard à travers le texte.

Il reste à préciser que ces expressions s'écrivent tout court, lorsque la référence est identique à la précédente (ex. *Ibid.)* et en précisant la page correspondante lorsque la référence est identique à la précédente mais la citation ou l'idée figure dans une page différente (ex. *Ibid.,* p.x).

Idem : un adverbe en langue française qui signifie : pareil, de même, la même chose que ce qui a été dit…, il sert à éviter la répétition à l'intérieur du texte comme au niveau des notes de bas de pages. C'est une abréviation d'*Ibidem* qui signifie « au même endroit ».

Cf. infra : *Cf.* vient de Confer qui vise à renvoyer le lecteur vers une idée ou un passage figurant dans une autre référence. Cet adverbe est utilisé pour orienter ou référer le lecteur, en l'occurrence, *infra* pour exprimer voir ci-après, ci-dessous, plus-bas.

Cf. supra : *supra* signifie plus haut, ci-dessus.

Alii ou ***al.*** : Locution qui signifie : et autres. Dans une référence bibliographique, lorsqu'il s'agit de plus de deux auteurs-es, on se contente de citer le nom d'un seul, le premier selon l'ordre de citation dans la référence, en remplaçant les noms des autres auteurs-es par l'expression et *alii* ou « *et al.* ». Donc, s'il s'agit de deux auteurs-es, on cite leurs noms dans le texte et dans la bibliographie.

S/D ou **dir.** : dans le cas d'un ouvrage collectif sous la direction d'un-e auteur-e, on le mentionne dans la référence bibliographique en citant le nom de l'auteur-e suivi de l'expression (S/D) ou Auteur, dir., Année, Titre… etc. Elle signifie que d'autres auteurs ont collaboré ou participé à cet ouvrage ou article.

4- La présentation des références

Il existe plusieurs styles ou formats pour présenter les références. Ces dernières figurent en étant numérotées au niveau des notes de bas de page ou en fin de texte ainsi qu'au niveau de la bibliographie et de la webographie.

En citant les références dans les notes de bas de page et non dans le corps de texte (*cf. infra*), la première différence est qu'au niveau de la bibliographie, les références sont citées en précisant, vers la fin, le nombre total de pages (Ex. 350 pages ou 350 p) pour les ouvrages et les pages correspondantes d'un article publié dans un ouvrage collectif, dans une revue ou un journal (Ex : pp : 15-42). Donc, la référence dans une bibliographie doit préciser l'auteur (Nom, première lettre en majuscule et prénom ou sa première lettre en majuscule), l'année, le titre, la maison d'édition, le numéro d'édition s'il existe, le tome 1 ou 2 … s'il existe, la série si elle existe et le nombre total de pages.

En citant les références parenthétiques, c'est-à-dire, celles qui figurent dans le texte lui-même (en les mettant entre parenthèses) sans recourir aux notes de bas de page, il existe deux types de citation :

- On adopte **la forme numérique** qui consiste à numéroter chaque référence dans la bibliographie et puis, à utiliser son numéro à chaque fois qu'on veut citer cette source.

- On met **le nom de l'auteur et l'année ou date de publication** entre parenthèses juste avant ou après la citation ou l'idée soulevée dans le texte. Exemple : **(Auteur-e, date).** On y ajoute **parfois le numéro de page** correspondant au passage ou à l'idée développée (**Auteur-e, date, page**) ou encore de manière séparée lorsqu'on commence par l'auteur. Exemple : (Auteur-e, date) avance que …… et vers la fin du paragraphe, on précise (page).

Il s'agit des normes **APA** (American Psychological Association) ou style APA. Ainsi, lorsqu'il est adopté dans le texte, il doit être respecté dans la bibliographie où la référence doit être citée en détail de manière à permettre son identification : auteur, année, titre, maison d'édition, nombre total de pages (pour un ouvrage et les pages correspondantes où un article est publié dans une revue ou dans un ouvrage collectif –pp : ..-..).

Ce style (Auteur, date) est utilisé généralement dans les domaines des sciences physiques, naturelles et sociales.

Dans certains écrits, on se limite à l'auteur et le numéro de page correspondant à la phrase ou au passage faisant l'objet de référence. Exemple : **(auteur, page)**, ce qui correspond au style **MLA** (*Modern Language Association*).

En plus des styles APA et MLA, il existe plusieurs autres styles de citations qui sont parfois recommandés par la revue, la maison d'édition ou le journal. Parmi ces styles, nous citons : Harvard, Chicago, Vancouver, Turabian, ...etc. À ce propos, les modalités voire des manuels ou guides propres à certains styles sont consultables sur internet.

Il est à signaler que les revues et journaux scientifiques exigent, depuis l'appel à soumission, le respect d'un style spécifique qu'ils recommandent aux auteurs-es. La publication de leurs articles est conditionnée, entre autres, par leur conformité au style utilisé par la revue.

Il est devenu plus pratique de recourir à des techniques informatisées de gestion des références bibliographiques telles que les logiciels Zotero et Mendeley...

5- Des conseils pratiques

5-1 Le choix des titres

Le titre est susceptible d'être modifié tout au long du travail. Il joue le rôle de transmettre le contenu ou l'idée essentielle du texte le concernant. D'où, les titres standards, tels que : définition, partie théorique, partie pratique, ... sont à éviter en les remplaçant par des titres où le chercheur laisse son empreinte en s'exprimant de manière originale sur l'idée centrale ou la conclusion tirée de tout ce qu'il a développé. Ainsi, le titre facilite la compréhension du contenu du texte avant de ou sans tout lire.

5-2 Le numérotage (parties, chapitres, autres titres et sous-titres...)

Les titres se présentent de manière hiérarchisée au-delà des parties et chapitres. Ainsi, les sous-titres peuvent se présenter en chiffres (et non en lettres) sur plusieurs niveaux :

Exemples :

Niveau 1 : un chiffre (1., 2., 3...)

Niveau 2 : deux chiffres (1.1., 1.2, 1.3 ...)

Niveau 3 : trois chiffres (1.1.1., 1.1.2., 1.1.3., ...)

...etc.

1. Titre
    1.1 Sous-titre
        1.1.1 Sous-sous-titre
        1.1.2 Sous-sous-titre
    1.2 Sous-titre
        1.2.1 Sous-sous-titre
        1.2.2 Sous-sous-titres
2. Titre
    2.1 Sous-titre
        2.1.1 Sous-sous-titre
        2.1.2 Sous-sous-titre
    2.2 Sous-titres
        2.2.1 Sous-sous-titre
        2.2.2 Sous-sous-titres

… etc.

5-3 Le « je », le « nous » ou le « on » ?

Évitez d'utiliser la première personne : le « je ». À titre de rappel, le *je* personnalise, le *nous*, associe et le *on* généralise et rend neutre. Donc, c'est le *nous* qui est fortement recommandé dans un travail de recherche car il inclut l'encadrant-e- et associe d'autres chercheurs –ses, voire même les lecteurs-trices.

5-4 La pagination

C'est à partir de l'introduction générale qu'on commence à introduire les numéros des pages en commençant par le numéro 1, généralement au milieu et en bas de la page. Les pages qui la précèdent (dédicaces, remerciements…) sont numérotées différemment en utilisant par exemple les chiffres romains.

5-5 L'écriture du texte

✓ La police de caractères : Times New Roman 12 pour le texte, et 10 pour les notes de bas de page ;

✓ Les titres et sous-titres en gras ;

✓ Réserver une page aux titres des parties, Times New Roman, 14, gras (ou aux titres des chapitres si le corps de la thèse se base sur des chapitres) ;

- ✓ Interligne : simple, double ;
- ✓ Le texte ainsi que les notes de bas de page doivent être justifiés.

5-6 La révision du texte

Après la rédaction, et afin d'assurer sa clarté et son intelligibilité, il est utile de réviser le texte plusieurs fois de manière à :

- Éviter **les répétitions** ;
- Vérifier **la ponctuation** ;
- Corriger **les erreurs** ;
- Introduire **des tournures de style** beaucoup plus expressives ;
- Assurer **la cohérence des idées** ;
- **Aérer le texte** en laissant un espace vide mais raisonnable (une ligne vide) entre la fin et le début d'un titre principal. Pour une nouvelle partie (ou chapitre), on passe à une nouvelle page. Par contre, les autres titres se succèdent de manière enchainée en laissant une ligne vide une fois qu'on commence un nouveau titre.
- **Contrôler l'exactitude** de la pagination, le numérotage des différentes composantes de la thèse, la correspondance des éléments bibliographiques cités avec les éléments consultés et exploités dans le travail, la désignation correcte des auteurs.

Vers la fin, il est judicieux de confier le travail à un spécialiste de langue ou à une personne expérimentée pour le lire et bénéficier de ses remarques.

5-7 La valorisation de la thèse

Tout travail de recherche peut être diffusé sur internet afin de favoriser sa visibilité, et donc, il doit être lisible en respectant les règles de rédaction.

Troisième partie :
L'étude empirique

L'étude empirique est un travail de terrain qui tend à vérifier une hypothèse, une supposition ou une construction émise par le chercheur. Elle permet de produire des connaissances à partir de l'observation ou de l'expérimentation directe de la réalité, par opposition aux études théoriques.

L'étude empirique peut avoir pour objectifs : la description d'un phénomène, l'explication des relations et des interactions entre des phénomènes, la vérification des hypothèses issues de modèles théoriques, la prédiction des comportements ou des résultats ou bien l'exploration d'un sujet nouveau ou mal connu. Ce type d'étude vise, principalement, la compréhension du monde réel en collectant et en analysant d'une manière systémique, des données concrètes afin de répondre à une question de recherche spécifique, valider une théorie ou éclairer une prise de décision.

La complémentarité entre étude théorique et empirique est fondamentale pour la recherche scientifique dans plusieurs disciplines, notamment, la science économique, dans la mesure où :

- L'empirique teste la validité des modèles théoriques ;
- Les observations inattendues peuvent mener à de nouveaux cadres théoriques ;
- La théorie guide la collecte empirique ;
- L'empirique affine la théorie…

Premier chapitre :
Les fondements de l'étude empirique

L'objectif final est de repérer les similitudes et les écarts entre la construction théorique du chercheur et le terrain. Cependant, chaque recherche en sciences sociales possède ses spécificités quant au positionnement épistémologique. En effet, certains chercheurs feront des allers-retours entre la théorie et l'empirique : les constructivistes (Le Moigne, 1995) et les interprétativistes (Piaget, 1967). D'autres chercheurs mobiliseront un modèle issu des travaux de recherche antérieurs qu'ils tenteront de confirmer ou d'infirmer dans un autre contexte avec ses propres caractéristiques : les positivistes et les postpositivistes (comte, 1844 ; Guba et lincoln, 1994).

Sur un autre volet, les modes d'investigation sont déterminés par les paradigmes de recherche et les objectifs du chercheur. Il existe deux grandes familles d'études empiriques (Jolibert et Jourdan, 2011) : qualitatives et quantitatives. Toutefois, certaines recherches font appel à des méthodes mixtes où les études qualitatives et quantitatives sont utilisées selon un séquencement bien défini.

Dans ce qui suit, nous allons commencer par une présentation sommaire des principales études qualitatives utilisées dans les sciences sociales. Par la suite, nous détaillerons les études quantitatives en deux phases : l'analyse factorielle exploratoire et l'analyse factorielle confirmatoire.

1. L'étude qualitative

L'étude qualitative est une interprétation des résultats exprimés avec des mots où le chercheur tente de dégager le sens d'un texte, d'une entrevue, d'un corpus à l'aide ou non d'outils informatisés (Paillé et Mucchielli, 2003).

Dans l'approche qualitative, le chercheur part d'une situation concrète comportant un phénomène particulier qu'il ambitionne de comprendre et non de démontrer, de prouver ou de contrôler. Il veut donner sens au phénomène à travers ou au-delà de l'observation, de la description, de l'interprétation et de l'appréciation du contexte et du phénomène tel qu'il se présente.

Cette méthode recourt à des techniques de recherche qualitatives pour étudier des faits particuliers (études de cas, observation, entretiens semi-structurés ou non structurés, etc.). Le mode qualitatif fournit des données de contenu, et non des données chiffrées.

1.1 La collecte des données qualitatives

Il existe une multitude de méthodes pour le recueil des données qualitatives regroupées dans les quatre grandes familles suivantes (Jolibert et Jourdan, 2011) :

- L'entretien individuel : directif, semi-directif et non directif ;
- La réunion de groupe : focus groupe, minigroupe, groupe de créativité, groupe nominal et groupe Delphi ;
- L'observation : simple, appareillée, achat fictif et méthode des protocoles ;
- Les techniques projectives : associations, compléments de phrase/de récit, analogies, aperceptions thématiques, jeux de rôles et utilisation des arts plastiques.

Le choix d'une méthode dépend de plusieurs critères tels que l'objectif de l'étude, l'information recherchée, le sujet, les contraintes budgétaires, les délais, l'expertise de l'enquêteur etc (Jolibert et Jourdan, 2011).

1.2 L'analyse des données qualitatives

D'une façon générale, il existe deux méthodes d'analyse des données qualitatives : l'analyse de contenu thématique et l'analyse lexicale ou syntaxique (Delacroix et al, 2021).

1.2.1 L'analyse de contenu thématique

L'analyse de contenu thématique est une méthode qui regroupe les données par thème. Pour cela, le ***« codage »*** des données peut se faire ***a priori*** en s'appuyant sur un corpus théorique préexistant ou ***a posteriori*** par lequel de nouvelles connaissances peuvent émerger (Delacroix et al, 2021). Selon Paillée et Mucchielli (2016), la classification des données par thème permet de répondre à la question suivante : « d'après le cadre de la recherche, à quoi fait référence le paragraphe analysé ? ».

Afin de réaliser une analyse de contenu thématique, le chercheur a recours à deux méthodes : l'analyse verticale et l'analyse horizontale (Delacroix et al, 2021).

- **L'analyse verticale**

L'analyse verticale suit un raisonnement intra-entretien par lequel un découpage de chaque entretien, complètement retranscrit, est réalisé selon des thèmes. Ainsi, le chercheur évalue les significations de chaque thème chez le répondant (Delacroix et al, 2021). Ce type d'analyse est utile pour comprendre les logiques individuelles de chaque interviewé à l'égard de chaque thème (Gavard-perret et al, 2018).

- **L'analyse horizontale**

L'analyse horizontale adopte une logique inter-entretiens. Plus précisément, le chercheur examine les interviews selon une approche transversale afin de déterminer la façon dont le contenu des thèmes est abordé. Cela donne l'occasion de relever les similitudes entre les entretiens (Delacroix et al, 2021). Contrairement à la méthode verticale, l'analyse horizontale vérifie la cohérence des thèmes dans l'ensemble des entretiens réalisés (Gavard-perret et al, 2018).

L'analyse verticale et horizontale sont deux méthodes où le chercheur fait appel aux verbatims des interviewés afin de vérifier, d'illustrer et de justifier le codage des données brutes dans les thèmes appropriés (Delacroix et al, 2021).

1.2.2 L'analyse lexicale ou syntaxique

L'analyse lexicale ou syntaxique s'appuie sur le vocabulaire utilisé par le répondant lors de la récolte des données afin de déterminer la richesse des expressions textuelles telles que les mots, les adjectifs, les verbes, les adverbes etc. Cela permet de dévoiler les particularités et le sens du discours des interviewés. De ce fait, l'analyse lexicale ou syntaxique s'intéresse plus à la façon dont le discours est formulé qu'à son contenu (Delacroix et al, 2021).

2. L'étude quantitative

Contrairement à l'étude qualitative, l'étude quantitative vise à recueillir des données observables et quantifiables. Ce type de recherche consiste à décrire, à expliquer, à contrôler et à prédire en se fondant sur l'observation de faits et d'événements « positifs », c'est-à-dire existant indépendamment du chercheur, des faits objectifs.

Cette méthode s'appuie sur des instruments ou techniques de recherche quantitatives de collecte de données dont en principe la fidélité et la validité sont assurées. Elle aboutit à des données chiffrées qui permettent de faire des analyses descriptives, des tableaux et graphiques, des analyses statistiques de recherche de liens entre les variables ou facteurs, des analyses de corrélation ou d'association, etc.

Exemple :

• « La consommation des ménages croît avec le revenu » ;

Cette proposition contient les concepts « consommation des ménages », « revenu », et le lien entre les deux est exprimé par les mots « croît avec ».

Pour rapprocher les propositions théoriques de la réalité, ou pour confronter les hypothèses à l'observation, il faut opérationnaliser les concepts, c'est-à-dire établir une relation systématique entre les concepts et la réalité observable, au moyen d'indicateurs. On peut définir les indicateurs comme des « signes, comportements ou réactions directement observables par lesquels on repère au niveau de la réalité les dimensions d'un concept ».

Opérationnaliser un concept, c'est donc lui associer un ou plusieurs indicateurs qui permettront de distinguer avec exactitude les variations observées dans la réalité par rapport au concept. Distinguer les variations, cela veut dire mesurer : l'opérationnalisation d'un concept conduit donc à la mesure.

2.1 La collecte des données quantitatives

Avant de commencer la collecte des données dans une étude quantitative, il est nécessaire d'effectuer un échantillonnage de la population étudiée. Dans ce qui suit, nous présenterons les différentes méthodes d'échantillonnage ainsi que les critères de sélection de chaque méthode. Puis, nous expliquerons les étapes de mise en place d'un questionnaire pour la récolte des données quantitatives.

2.2 L'échantillonnage

L'échantillon constitue une partie de la population étudiée. De ce fait, les unités statistiques doivent être semblables (Gerring, 2001). Afin d'obtenir un échantillon, il est recommandé de suivre une procédure bien définie (Evrard et al, 2003 ; Jolibert et Jourdan, 2006).

Il existe deux grandes catégories d'échantillonnage (Jolibert et Jourdan, 2006 ; Evrard et al, 2003) : les méthodes probabilistes ou aléatoires et les méthodes non probabilistes ou à choix raisonné. Un échantillon est probabiliste au moment où tous les éléments ont la même chance (probabilité) de faire partie de l'échantillon (Jolibert et Jourdan, 2006). Un échantillon est non probabiliste lorsque sa constitution est faite à partir de critères qui déterminent les caractéristiques des répondants à interroger (Jolibert et Jourdan, 2006). Parmi les méthodes probabilistes, on retrouve (Jolibert et Jourdan, 2006) : le tirage aléatoire simple, le tirage aléatoire à plusieurs degrés, le tirage aléatoire en grappes et le tirage aléatoire stratifié. Quant aux méthodes d'échantillonnage non probabilistes, on distingue (Jolibert et Jourdan, 2006) : la méthode des quotas, la méthode des unités types et l'échantillonnage de convenance avec ses trois types (en itinéraire, in situ et en boule de neige). Le tableau 5 synthétise les différentes méthodes d'échantillonnage :

Tableau 5 : Les méthodes d'échantillonnage probabilistes et non probabilistes

Méthode		Définition
Les méthodes probabilistes ou aléatoires	Tirage aléatoire simple	L'extraction aléatoire des unités statistiques qui proviennent d'une base de données.
	Tirage aléatoire stratifié	En utilisant une base de données, la population est répartie en plusieurs groupes homogènes. L'extraction aléatoire des unités statistiques est réalisée sur chaque groupe (strate).
	Tirage aléatoire à plusieurs degrés	L'extraction des unités statistiques selon plusieurs niveaux (degrés) : niveau 1, niveau 2, niveau 3…

	Tirage aléatoire en grappes	En utilisant une base de données, la population est divisée en groupes choisis au hasard (non forcément homogènes).
Les méthodes non probabilistes ou à choix raisonné	Des quotas	Le choix des répondants est fait selon les profils recherchés par l'enquêteur (quotas).
	Des unités types	La division de la population sous forme d'unités selon des critères définis.
	Des itinéraires	L'enquêteur suit un itinéraire géographique précis. À chaque point d'arrêt, il effectue une enquête.
	Recrutement in situ	L'enquêteur se rend sur les lieux où il a le plus de chances d'atteindre les répondants.
	En boule de neige	Chaque répondant communique les coordonnées d'une personne ayant les caractéristiques de l'échantillon pour être interrogée.

Source : Jolibert et Jourdan (2006)

Le choix d'une méthode d'échantillonnage dépend d'un ensemble de critères émis par Jolibert et Jourdan (2006). Ces conditions sont résumées dans un arbre de décisions (cf. figure 1).

Figure 1 : L'arbre de décisions de la méthode d'échantillonnage

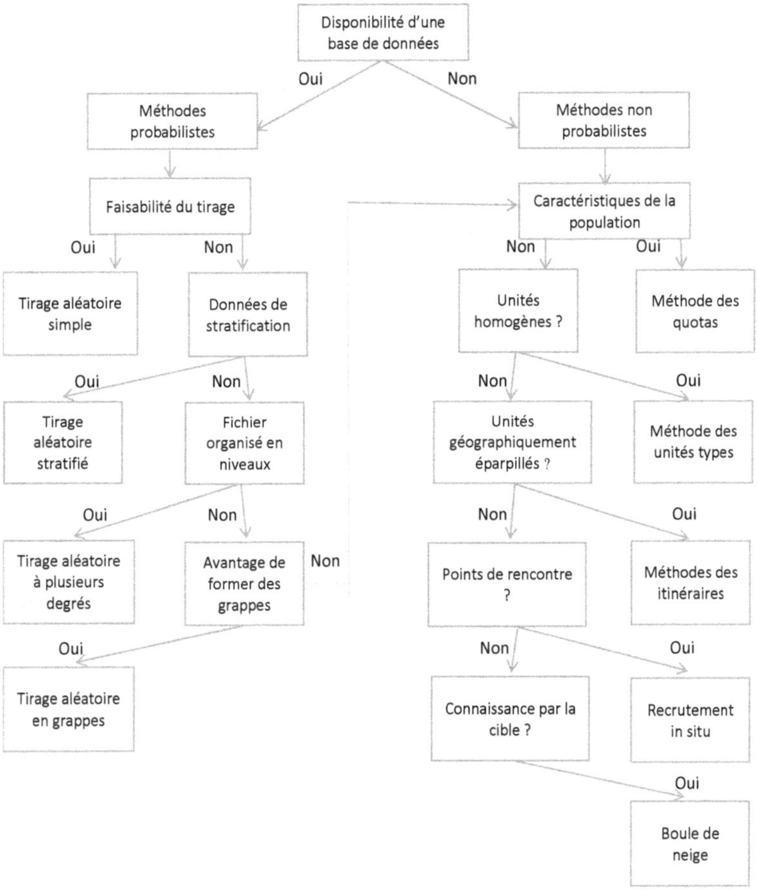

Source : Jolibert et Jourdan (2006)

2.3 Le questionnaire

Lors d'une étude quantitative, les chercheurs utilisent généralement un questionnaire pour la récolte des données.

Le questionnaire est un document qui contient des questions relatives aux concepts que le chercheur tente de vérifier sur le terrain. Ces questions sont, soit relevées dans la littérature à travers une échelle de mesure, soit construites par le chercheur en adoptant une démarche scientifiquement rigoureuse connue sous le nom de « paradigme de Churchill » (Churchill, 1979).

2.3.1 L'administration du questionnaire

Les deux principales méthodes de récolte des données par questionnaire sont : les enquêtes avec interviewers et les enquêtes auto- administrées (Evrard et al, 2003). Chacune possède ses propres modes de recueil. Les enquêtes avec interviewers permettent l'échange avec le répondant en face à face ou par téléphone. Par contre, les enquêtes auto administrées se font par voie postale ou via internet (Evrard et al, 2003). Le choix d'un mode de recueil dépend de plusieurs critères tels que les caractéristiques de l'échantillon, le questionnaire, le coût, les délais etc (Evrard et al, 2003 ; Jolibert et Jourdan, 2006). Une classification des modes de recueil a été établie par Evrard et al. (2003) sur la base des critères de comparaison (cf. tableau 6).

Tableau 6 : La comparaison des modes de recueil

Critères	Enquête en face à face	Enquête téléphonique	Enquête par voie postale	Enquête par internet
1. Recueil				
- Volume	élevé	moyen	moyen	moyen
- Souplesse	élevé	moyen	faible	moyen
- Dynamique du questionnaire	élevé	élevé	faible	moyen
- Rapidité	moyen	élevé	faible	élevé
- Cout	faible	moyen	élevé	élevé
- Informations supplémentaires	élevé	moyen	faible	moyen
2. Echantillon				
- Identité du répondant	élevé	élevé	faible	faible
3. Base de sondage				
- Non réponse	élevé	moyen	faible	moyen
- Contrôle du travail de l'enquêteur	élevé	moyen	non disponible	non disponible
- Dispersion géographique	faible	moyen	élevé	élevé

Source : Evrard et al. (2009)

Légende :

Elevé : le mode de recueil est bon sur le critère

Moyen : le mode de recueil est intermédiaire sur le critère

Faible : le mode de recueil est mauvais sur le critère

2.3.2 Les types de questions dans un questionnaire

Généralement, les études quantitatives utilisent des questions fermées où le répondant a des choix à priori. Les questions fermées peuvent être dichotomiques (par exemple une réponse sur la possession d'un produit de luxe par oui ou par non), à choix préétablis (par exemple la catégorie socioprofessionnelle : ouvrier, cadre supérieur, retraité etc) ou sous forme d'une échelle de Likert.

Dans une étude quantitative, l'échelle de Likert favorise l'analyse statistique (Evrard et al,2003). Toutefois, il existe principalement deux types d'échelles de Likert : à 5 points (Pas du tout d'accord, pas d'accord, ni pas d'accord ni d'accord, d'accord et tout à fait d'accord) et à 7 points (pas du tout d'accord, pas d'accord, relativement en désaccord, ni pas d'accord ni d'accord, assez d'accord, d'accord, tout à fait d'accord).

D'une façon générale, l'échelle de Likert à 5 points est plus privilégiée car elle soutient la fiabilité et la validité lors de l'analyse quantitative (Revilla et al, 2014).

2.4 Les méthodes d'analyse des données de l'étude quantitative

Les méthodes d'analyse de données quantitatives sont diverses. Le chercheur veut savoir s'il y a une association entre les facteurs et vérifier si les facteurs agissent ou varient ensemble. La question fondamentale est d'identifier ce qui se produit lorsqu'une relation particulière existe. Le chercheur vérifie donc la nature de la relation, les facteurs en relation, la direction de la relation et les conséquences de la relation. Au cas où les facteurs varient dans la même direction, on parle d'associations positives. Si les facteurs varient dans des directions opposées, on parlera d'associations négatives.

Nous présenterons dans cette partie, à titre d'illustration, l'analyse en composantes principales (ACP) en tant qu'analyse factorielle exploratoire (AFE) et les équations structurelles basées sur la variance (PLS-SEM) en tant qu'analyse factorielle confirmatoire (AFC).

2.4.1 L'analyse factorielle exploratoire (AFE)

Suivant les recommandations de Churchill (1979), l'analyse factorielle exploratoire est nécessaire afin de vérifier que les indicateurs mesurent proprement les concepts étudiés (Gerbing et Anderson, 1988 ; Jarvis et al., 2004).

Pour cela, trois étapes sont nécessaires : la vérification des prérequis, l'extraction des facteurs et la fiabilité de l'instrument de mesure.

Étape 1 : les prérequis de l'analyse factorielle exploratoire

Selon Hair et al. (2019a), il est nécessaire de vérifier certains prérequis avant d'entamer une analyse factorielle exploratoire tels que la taille de l'échantillon et la factorisation des données.

Par rapport à la taille de l'échantillon, certains auteurs préconisent un minimum de 100 observations et plus (Hair et al, 2019a). D'autres chercheurs mettent en avant un rapport entre les indicateurs du construit et les observations, soit dix fois plus d'observations que d'indicateurs (le ratio 10 :1) (Hair et al, 2019a).

En ce qui concerne la factorisation des données, les deux tests recommandés sont : le KMO[6] et le test de sphéricité de Bartlett (Hair et al, 2019a). En général, les valeurs du KMO sont interprétées comme suit (Kaiser, 1970, 1974) : 0,5< Non acceptable, 0,5 ≥ Misérable, 0,6 ≥ Médiocre, 0,7 ≥ Moyen, 0,8 ≥ Méritoire. Par rapport au test de sphéricité de Bartlett, sa significativité doit être inférieure à 0,05 (seuil

[6] Kaiser–Meyer–Olkin

de signification[7]) afin de rejeter l'hypothèse nulle[8] (Hair et al, 2019a).

Étape 2 : l'extraction des facteurs

L'extraction des facteurs permet de purifier les instruments de mesure en déterminant le nombre de composantes à retenir. Cette étape de l'analyse factorielle exploratoire peut se réaliser à travers une analyse en composantes principales (ACP) (Hair et al, 2019a).

En appliquant une ACP, Hair et al. (2019a) préconisent que les composantes (facteurs) expliquent 60% de la variance totale, des fois un peu moins. Deuxièmement, Hair et al. (2019a) font appel au critère de Kaiser[9]. À cet effet, les composantes retenues devraient avoir une valeur propre supérieure à 1 (Hair et al, 2019a).

Après avoir défini le nombre de facteurs (composantes) à retenir, il est nécessaire de vérifier la charge factorielle de chaque indicateur ou plus communément appelé le loading. Pour cela, Hair et al. (2019a) recommandent l'utilisation d'un guide basé sur la taille de l'échantillon (cf. tableau 5).

Tableau 7 : La détermination des charges factorielles selon la taille de l'échantillon

Charge factorielle	Taille de l'échantillon
0,30	350
0,35	250
0,40	200

[7] La probabilité d'erreur de 5%

[8] L'hypothèse nulle indique que les indicateurs ne sont pas suffisamment corrélés pour une factorisation.

[9] Il existe aussi le critère du « Coude » qui détermine le nombre de facteurs à retenir à travers un graphe. Cependant, ce critère est jugé plus subjectif que les autres (Hair et al, 2019a).

0,45	150
0,50	120
0,55	100
0,60	85
0,65	70
0,70	60
0,75	50

Source : BMDP Statistical Software, Inc (1992)

Dans le cas où la matrice relève deux facteurs ou plus, Hair et al. (2019a) recommandent l'utilisation d'une rotation factorielle. Cette technique permet une redistribution de la variance afin d'obtenir un schéma factoriel plus adéquat. La rotation factorielle la plus utilisée est « varimax » vu que cette méthode a largement démontré sa pertinence (Hair et al, 2019a). Par ailleurs, après avoir effectué une rotation factorielle, il est possible d'avoir des indicateurs avec des contributions factorielles sur deux composantes ou plus. Pour cela, Hair et al. (2019a) recommandent le calcul du cross loading[10] dont les valeurs sont interprétées comme suit (Hair et al, 2019a) :

- Entre 1.0 et 1.5 : le cross loading est problématique, il est nécessaire de supprimer l'indicateur avec la charge factorielle la plus faible ;
- Entre 1.5 et 2.0 : le cross loading est potentiellement problématique, la suppression de l'indicateur avec la charge factorielle la plus faible doit se faire en se basant sur la structure factorielle ;

[10] Le rapport entre le carré du loading supérieur et le carré du loading inférieur

- Supérieur à 2.0 : le cross loading est sans effet sur la structure factorielle.

Enfin, après la vérification des contributions factorielles, Hair et al. (2019a) recommandent de s'assurer des communalités de chaque indicateur (qualité de représentation). Dans ce sens, des valeurs supérieures ou égales à 0,5 sont adéquates.

Étape 3 : la fiabilité des instruments de mesure

La fiabilité indique le niveau dans lequel l'instrument de mesure permet d'obtenir la « vraie » valeur d'un phénomène étudié (Hair et al, 2019a). Pour cela, l'alpha de cronbach est un indicateur de fiabilité largement adopté (Hair et al, 2019a). D'une façon générale, l'alpha de cronbach doit avoir une valeur supérieure ou égale à 0,7 dans les recherches confirmatoires et supérieure ou égal à 0,6 dans les recherches exploratoires (Robinson et al, 1991 ; Evrard et al, 2003). Par ailleurs, l'alpha de cronbach est sensible au nombre d'indicateurs. Plus précisément, il existe une fonction croissante entre les valeurs de l'alpha de cronbach et le nombre d'items d'un instrument de mesure (Hair et al, 2019a).

Notons que dans le cas où l'extraction des facteurs valide deux composantes ou plus, il faudrait aussi vérifier la fiabilité de chaque composante à part entière (Hair et al, 2019a).

Enfin, il est nécessaire de suivre une procédure itérative dans l'application des étapes de l'AFE.

Le tableau 8 permet de synthétiser les critères de l'analyse factorielle exploratoire :

Tableau 8 : Les critères de l'analyse factorielle exploratoire

Analyse	Critère	Condition	Référence
Prérequis	La taille de l'échantillon	Nombre d'observations ≥ 100 Nombre d'observation = 10*Nombre d'indicateurs	(Hair et al, 2019a)
	Kaiser -Meyer-Olkin (KMO)	0,5< Non acceptable 0,5 ≥ Misérable 0,6 ≥ Médiocre 0,7 ≥ Moyen 0,8 ≥ Méritoire	(Kaiser, 1970, 1974)
	Test de sphéricité de bartlett	Significativité ≤ 0,05	(Hair et al, 2019a)
Extraction des facteurs avec une ACP	Pourcentage de la variance	Variance expliquée ≥ 60% (ou légèrement inférieure à 60%)	(Hair et al, 2019a)
	Critère de Kaiser	Valeur propre > 1	
	loading	Selon la taille de l'échantillon	
	Cross loading	1.0 ≤ Valeur< 1.5 est problématique 1.5 ≤ Valeur< 2.0 est potentiellement problématique Valeur > 2 est sans effet	
	Communalités	Valeur ≥ 0,5	
Fiabilité	Alpha de cronbach	Valeur≥ 0,6	(Robinson et al, 1991 ;-Evrard et al, 2009)

Source : Réalisé par nos soins

2.4.2 L'analyse factorielle confirmatoire (AFC) : une modélisation par équations structurelles (Structural Equation Modeling)

Comme indiqué précédemment, l'analyse factorielle exploratoire est une méthode statistique qui détermine les charges factorielles des indicateurs sur les composantes (Hair et al, 2019a). Selon Churchill (1979), cette étape est nécessaire dans le cas où les instruments de mesure sont utilisés dans des contextes différents.

Comme méthode complémentaire, l'AFC est premièrement utile pour consolider les instruments de mesure choisis ainsi que les indicateurs qui leur sont attribués (Hair et al, 2022). Deuxièmement, l'AFC permet de tester les liens (hypothèses) établis entre les concepts (Hair et al, 2022).

La modélisation par équations structurelles (SEM[11]) est une analyse confirmatoire qui tend plus à vérifier les liens causals entre les concepts (Hair et al, 2019b ; Joliber et Jourdan, 2006). Plus précisément, la modélisation par équations structurelles est une méthode de deuxième génération qui permet de tester les relations entre les variables endogènes[12] et exogènes[13]. Contrairement aux méthodes de première génération[14], la modélisation par équations structurelles prend en considération l'erreur de mesure, ce qui rend les résultats de l'analyse plus précis. Dans ce processus de vérification des liens causals (hypothèses), les concepts sont généralement non

---

[11] Structural Equation Modeling

[12] Variables dépendantes

[13] Variables indépendantes

[14] Les méthodes de première génération sont par exemple : la régression linéaire multiple, la régression logistique, l'analyse de la variance (ANOVA) etc (Hair et al, 2022). Ces méthodes stipulent que les variables n'ont pas d'erreur observable, ce qui fausse les résultats obtenus (Haenlein et Kaplan, 2004).

observables (variables latentes[15]). Par conséquent, l'utilisation d'indicateurs (variables manifestes[16]) est fortement recommandée (Cole et Preacher, 2014 ; Hair et al, 2022).

Dans ce qui suit, nous présenterons les deux types d'indicateurs que l'on peut utiliser dans la modélisation par équations structurelles, en l'occurrence les indicateurs réflexifs et formatifs.

Étape 1 : les indicateurs réflexifs et formatifs

Les indicateurs réflexifs sont une manifestation du construit (concept) (Hair et al, 2022). Dans cette typologie, les liens de causalité vont du construit vers ses items. Par conséquent, les indicateurs sont, d'une façon générale, fortement corrélés entre eux (Hair et al, 2022). Les instruments de mesure réflexifs sont appelés : échelles de mesure (Hair et al, 2022).

En revanche, les indicateurs formatifs sont une construction linéaire du concept. En d'autres termes, les liens de causalité vont des indicateurs vers le construit. L'une des caractéristiques des indicateurs formatifs est qu'ils ne sont pas interchangeables vu que chacun représente une facette du concept. Par conséquent, les indicateurs ne sont forcément pas corrélés entre eux (Hair et al, 2022). Enfin, les instruments de mesure des indicateurs formatifs sont dénommés : indice de mesure (Hair et al, 2022).

La figure 2 permet de différencier entre les indicateurs réflexifs et formatifs.

---

[15] On peut appeler une variable latente « un construit » (Hair et al, 2022).

[16] On peut appeler une variable manifeste « Un item » (Hair et al, 2022).

Figure 2 : Les indicateurs réflexifs et formatifs

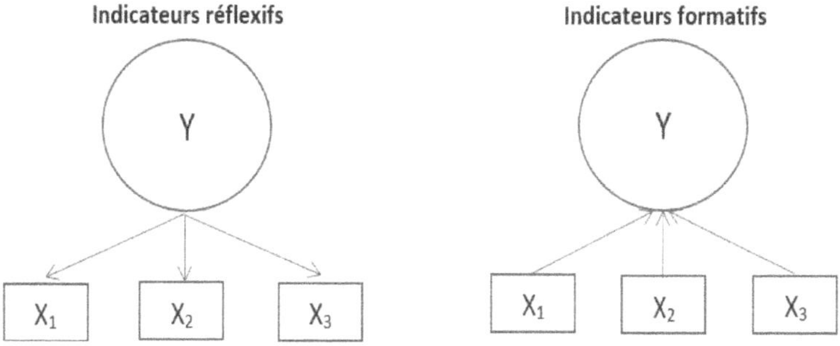

Source : Diamatopoulos et al. (2008)

La différence entre les mesures réflexives et formatives se fait selon plusieurs critères comme : le sens de causalité, l'interchangeabilité, la covariance et le réseau nomologique des indicateurs (Jarvis et al, 2004). En se basant sur ces critères, le tableau 9 fournit une comparaison entre les mesures réflexives et formatives :

Tableau 9 : La comparaison entre les mesures réflexives et formatives

Critères de comparaison	Mesures réflexives	Mesures formatives
Le sens de causalité	Du construit vers les indicateurs. Les indicateurs sont des manifestations du construit. Des modifications dans les indicateurs n'amènent pas forcément à des modifications dans le construit. Des modifications dans le construit amènent forcément à des modifications dans les indicateurs.	Des indicateurs vers le construit. Les indicateurs sont des aspects du construit. Des modifications dans les indicateurs amènent forcément à des modifications dans le construit. Des modifications dans les indicateurs n'amènent pas forcément à des modifications dans le construit.
L'interchangeabilité	Les indicateurs sont interchangeables. Les indicateurs ont un thème commun. Lorsqu'on supprime un indicateur, le domaine conceptuel du construit ne change pas.	Les indicateurs ne sont pas interchangeables. Les indicateurs ne partagent pas forcément un thème commun. Lorsqu'on supprime un indicateur, le domaine conceptuel du construit change forcément.
La covariance	L'existence d'une covariance entre les indicateurs.	Il n'est pas nécessaire que les indicateurs covarient entre eux.
Le réseau nomologique	Les indicateurs devraient avoir les mêmes antécédents/ conséquences.	Les indicateurs ne doivent pas nécessairement avoir les mêmes antécédents/ conséquences.

Source : Jarvis et al. (2004)

- Le cas des construits d'ordre supérieur

Les construits d'ordre supérieur plus communément appelés modèles à composantes hiérarchiques (HCM[17])

[17] Hierarchical Component Models

(Sarstedt et al, 2019) permettent de définir un construit (concept) selon plusieurs composantes (Cheah et al, 2019 ; Hair et al, 2022). Sur le plan théorique, cette approche peut se faire sur plusieurs niveaux mais d'une façon générale, les travaux de recherche limitent leurs modélisations au deuxième degré : un construit d'ordre supérieur ou de deuxième ordre (HOC[18]) et des construits d'ordre inférieurs ou de premier ordre (LOC[19]) (Hair et al, 2022).

Les construits de second ordre peuvent être de différents types : réflexifs-réflexifs, réflexifs-formatifs, formatifs-formatifs ou formatifs-réflexifs (Becker et al, 2012 ; Cheah et al, 2019 ; Ringle et al, 2012).

La figure 3 reflète les différents types de construits de second ordre (Y) et des construits de premier ordre (X_I).

---

[18] Lower Order Components

[19] Higher Order Components

Figure 3 : Les quatre types de construits de second ordre

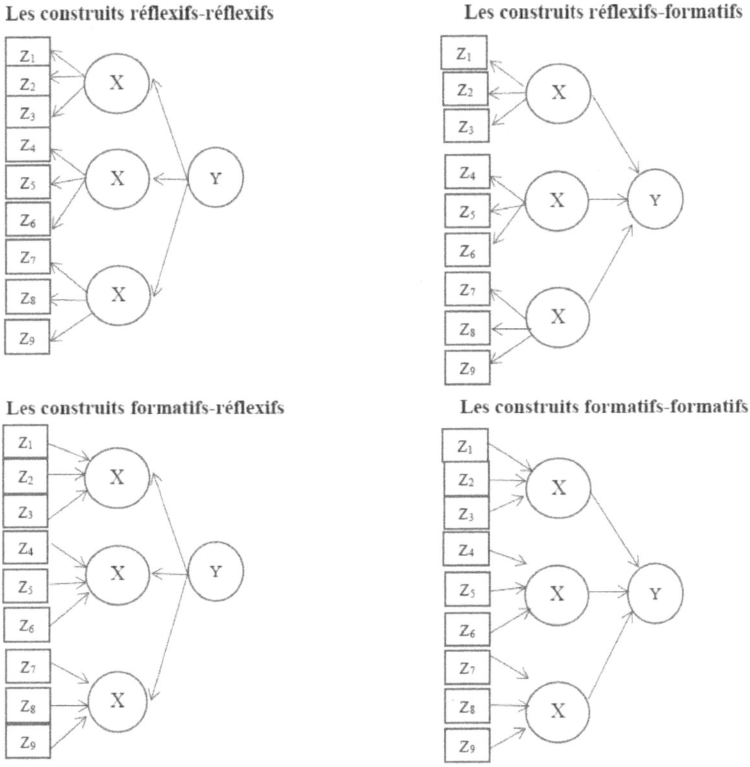

Source : Sarstedt et al. (2019)

Étape 2 : la taille minimale de l'échantillon

Plusieurs méthodes permettent de déterminer la taille minimale de l'échantillon en utilisant PLS-SEM. La plus basique est de multiplier par 10 le plus grand nombre de chemins structurels vers une variable à expliquer (Barclay et al, 1995 ; Chin, 1998). Cependant, cette technique reste approximative (Hair et al, 2022). Pour plus de précision,

Hair et al. (2017) se sont basés sur les travaux de Cohen (1992, 1988), jugés comme fiables (Hair et al, 2022), afin d'élaborer la table de l'échantillon minimal (cf. tableau 10).

Tableau 10 : La table de l'échantillon minimal

Nombre de variables indépendantes	Seuil de signification											
	10%				5%				1%			
	Minimum R^2				Minimum R^2				Minimum R^2			
	0,10	0,25	0,50	0,75	0,10	0,25	0,50	0,75	0,10	0,25	0,50	0,75
2	72	26	11	7	90	33	14	8	130	47	19	10
3	83	30	13	8	103	37	16	9	145	53	22	12
4	92	34	15	9	113	41	18	11	158	58	24	14
5	99	37	17	10	122	45	20	12	169	62	26	15
6	106	40	18	12	130	48	21	13	179	66	28	16
7	112	42	20	13	137	51	23	14	188	69	30	18
8	118	45	21	14	144	54	24	15	196	73	32	19
9	124	47	22	15	150	56	26	16	204	76	34	20
10	129	49	24	16	156	59	27	18	212	79	35	21

Source : Hair et al. (2017)

Selon le tableau 8, la taille minimale de l'échantillon dépend des éléments suivants : le seuil de signification[20], la puissance statistique[21], le nombre de variables indépendantes et le coefficient de détermination[22] minimum estimé.

Après avoir présenté la taille de l'échantillon minimale recommandée pour la méthode PLS-SEM, nous présenterons le modèle de mesure, le modèle structurel, le modèle prédictif et les méthodes de traitement des modèles ayant des construits d'ordre supérieur.

Étape 3 : le modèle de mesure

Afin d'évaluer les modèles de mesure réflexifs, Hair et al. (2022) recommandent, dans un premier temps, la vérification de la fiabilité des indicateurs (loadings) et des

---

[20] La probabilité d'erreur, des valeurs de 1%,5% et 10% sont admises.

[21] La probabilité de détecter un effet entre les variables, une valeur de 80% est généralement utilisée.

[22] Le coefficient de détermination (R^2) indique l'effet de l'ensemble des variables explicatives sur une variable à expliquer.

construits. Par la suite, ces mêmes auteurs préconisent de s'assurer de la validité convergente et discriminante des construits (Hair et al, 2022).

- **La fiabilité des indicateurs ou loadings**

Les loadings[23] correspondent aux charges factorielles des indicateurs sur les construits. Lorsqu'ils sont élevés, cela indique que les indicateurs partagent une communalité avec le construit (Hair et al, 2022). La règle générale est que les indicateurs doivent avoir des loadings supérieurs ou égal à 0,708. Le choix de ce chiffre peut être expliqué par la variance de l'indicateur qui correspond au carré du loading. À titre de rappel, il est généralement nécessaire d'avoir une variance minimale de 50% qui équivaut au carré de 0,708 (Hair et al, 2022). Dans la pratique, les chercheurs considèrent 0,7 comme acceptable (Hair et al, 2022).

D'une façon générale, les travaux de recherche dans les sciences sociales obtiennent un loading inférieur à 0,7. Dans ce cas de figure, les indicateurs ayant un loading entre 0,4 et 0,7 ne devraient être supprimés que si cela entraine une augmentation de la fiabilité et de la validité du construit (discutées dans les paragraphes suivants) au-dessus des seuils préconisés (Hair et al, 2022). Une deuxième considération avant la suppression de l'indicateur est la validité du contenu[24]. À contrario, les indicateurs ayant un loading en dessous de 0,4 sont automatiquement à éliminer (Bagozzi et al, 1991).

La figure 4 résume les règles de décisions préconisées pour l'acceptation ou la suppression des indicateurs en fonction de leurs loadings.

---

[23] Les loadings peuvent aussi être appelés « Outer loadings »

[24] L'évaluation subjective de degré dans lequel les indicateurs reflètent le construit

Figure 4: Les conditions d'acceptation ou de suppression des indicateurs selon leurs loadings

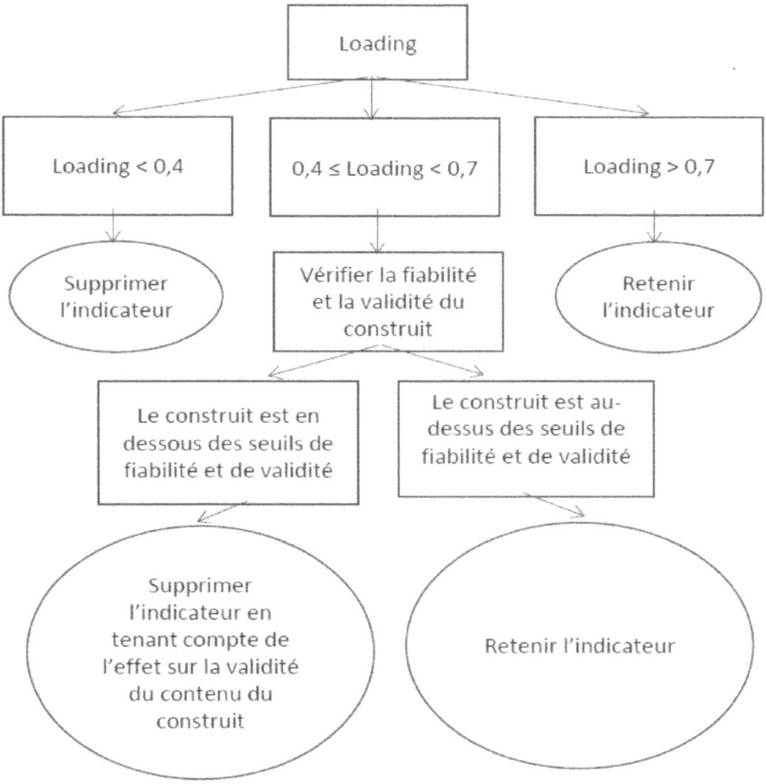

Source : Hair et al. (2022)

- La fiabilité du construit

À titre de rappel, la fiabilité indique le niveau dans lequel le construit permet d'obtenir la « vraie » valeur du phénomène étudié (Hair et al, 2019a).

Traditionnellement, l'alpha de cronbach (α) est un indice de fiabilité qui se base sur les corrélations entre les indicateurs (Hair et al, 2022). Sa formule de calcul est présentée comme suit :

$$\alpha = \frac{k\bar{r}}{1 + (k - 1)\bar{r}}$$

Avec :

$\bar{r}$: la corrélation moyenne entre les indicateurs

k : le nombre d'indicateurs du construit

L'alpha de cronbach est largement utilisé dans la recherche. Cependant, cet indice a démontré plusieurs limites. Premièrement, l'alpha de cronbach suppose que tous les indicateurs possèdent les mêmes loadings. Deuxièmement, cet indice est sensible au nombre d'indicateurs (Hair et al, 2022). Ainsi, Hair et al. (2022) stipulent que l'alpha de cronbach peut sous-évaluer la fiabilité du construit.

Afin de combler les limites de l'alpha de Cronbach, les chercheurs utilisent l'indice de « fiabilité composite (ρc) » qui est calculé en suivant la formule suivante :

$$\rho_c = \frac{\left(\sum_{i=1}^{M} l_i\right)^2}{\left(\sum_{i=1}^{M} l_i\right)^2 + \sum_{i=1}^{M} var(e_i)}$$

Avec :

Li : les loadings des indicateurs

e_i : l'erreur de mesure de l'indicateur

Var (ei) : la variance de l'erreur de mesure de l'indicateur

Contrairement à l'alpha de cronbach qui est jugé comme conservateur, la fiabilité composite est assez libérale. Cet indice peut surévaluer la fiabilité du construit (Hair et al, 2022). Ainsi, la fiabilité exacte se situe entre l'alpha de cronbach et la fiabilité composite (Hair et al, 2022). Dans ce sens, Dijkstra et Henseler (2015) ont proposé l'indice de fiabilité ρA qui est calculé comme suit :

$$\rho_A = (\hat{w}'\hat{w})^2 \cdot \frac{\hat{w}'(S - \mathrm{diag}(S))\hat{w}}{\hat{w}'(\hat{w}\hat{w}' - \mathrm{diag}(\hat{w}\hat{w}'))\hat{w}}$$

Avec :

ŵ : le vecteur des loadings estimés des indicateurs

ŵ' : le vecteur transposé de ŵ

ŵŵ' : la matrice résultante du produit de ŵ avec son vecteur transposé

S : la matrice de covariance empirique des indicateurs de la variable latente

Diag(S) : la diagonale de la matrice de covariance empirique des indicateurs de la variable latente

Diag(ŵŵ') : la diagonale de la matrice (ŵŵ')

ŵ'ŵ : le produit scalaire du transposé de ŵ

L'indice de fiabilité (ρA) se situe généralement entre l'alpha de cronbach et la fiabilité composite. De ce fait, il est considéré comme un bon compromis entre l'alpha de cronbach, jugé comme conservateur et la fiabilité composite, en tant qu'indice libéral (Hair et al, 2019b).

En principe, les indices de fiabilité du construit doivent être supérieurs à 0,6 pour une recherche exploratoire et supérieurs à 0,7 pour une recherche confirmatoire (Hair et al, 2022).

- La validité convergente

La validité convergente correspond à la mesure dans laquelle le construit explique la variance de ses indicateurs réflexifs (Hair et al, 2022). Le principal indice pour mesurer la validité convergente est la variance moyenne extraite (AVE[25]) (Fornell et lacker, 1981). Sa formule de calcul est définie comme suit :

[25] Average Variance Extracted

$$AVE = \left(\frac{\sum_{i=1}^{M} l_i^2}{M} \right)$$

l_i : Les loadings des indicateurs
M : le nombre total d'indicateurs du construit

La variance moyenne extraite (AVE) doit avoir une valeur supérieure ou égale à 0,5 pour que la validité convergente soit admise (Hair et al, 2022). Ainsi, on peut dire que le construit explique plus de 50% de la variance de ses indicateurs.

- **La validité discriminante**

La validité discriminante indique le degré dans lequel un construit mesure, d'une façon unique, un phénomène (Hair et al, 2022).

L'indice majoritairement utilisé pour déterminer la validité discriminante est celui de Fornell et Larcker (1981). Ce critère permet de vérifier si la racine carrée de la variance moyenne extraite de chaque construit est supérieure à sa corrélation la plus élevée avec les autres construits. Par ailleurs, les travaux de Henseler et al. (2015) ainsi que ceux de Franke et Sarstedt (2019) ont démontré que le critère de Fornell et Larcker (1981) n'est pas efficace lorsque les valeurs des loadings se situent entre 0,6 et 0,8. Par conséquent, les chercheurs ne peuvent se fier à l'indice de Fornell et Larcker (1981) afin de déterminer la validité discriminante (Radomir et Moisescu, 2019).

Selon les travaux de Chin (1998), un deuxième indice appelé « cross-loading » permet d'établir la validité discriminante. La règle de décision du cross loading est que chaque indicateur doit démontrer une charge factorielle plus élevée avec son construit qu'avec le reste des construits (Gefen et Straub, 2005). Toutefois, cet indice est critique lorsque deux construits sont significativement corrélés (Voorhees et al, 2016).

Comme solution aux problèmes des deux indices précités, Henseler et al. (2015) ont proposé le HTMT[26] qui permet d'obtenir la corrélation réelle entre les deux construits (Hair et al, 2022). Le HTMT est calculé selon l'équation suivante :

$$HTMT(Y_1Y_2) = \frac{mean(R_{Y_1Y_2})}{\sqrt{mean(R_{Y_1Y_1}).mean(R_{Y_2Y_2})}}$$

Avec :

Mean (R_{Y1Y2}) : la moyenne des corrélations entre les indicateurs des construits de Y_1 et Y_2

Mean (RY1Y1) : la moyenne des corrélations entre les indicateurs du construit Y_1

Mean (RY2Y2) : la moyenne des corrélations entre les indicateurs du construit Y_2

Afin de vérifier la validité discriminante, l'indice HTMT doit avoir une valeur inférieure ou égale à 0,9 si les concepts étudiés sont très similaires (Henseler et al, 2015) ou une valeur inférieure ou égale à 0,85 si les concepts du modèle de recherche sont distincts (Henseler et al, 2015).

Hormis le calcul standard du HTMT, Hair et al. (2022) recommandent l'utilisation du bootstrapping. Cette technique statistique divise l'échantillon en plusieurs sous-échantillons tirés au hasard. Par la suite, chaque sous-échantillon est utilisé dans le modèle jusqu'à ce qu'un nombre aléatoire, généralement 10 000, soit créé. En utilisant cette méthode, un intervalle de confiance

[26] Heterotrait-Monotrait

bootstrapp est déterminé selon un niveau de confiance (généralement 95%, soit un seuil de signification de 5%). Dans le cas où la limite supérieure de l'intervalle de confiance est inférieure à 0,9 ou 0,85, cela indique que la validité discriminante est vérifiée (Hair et al, 2022).

L'intervalle de confiance bootstrap est une méthode assez fiable pour déterminer la validité discriminante à travers les règles d'interprétation du critère HTMT. Par ailleurs, lorsque la taille de l'échantillon est petite ou que les paramètres estimés sont significativement asymétriques, Hair et al. (2022) recommandent l'utilisation de l'intervalle de confiance bootstrap corrigé de biais et accéléré (BCa[27]) de Efron (1987). Dans ce sens, la taille minimale de l'échantillon est définie selon la table de Hair et al. (2017) élaborée sur la base des travaux de Cohen (1988,1992) (cf. tableau 10). Par rapport aux biais d'asymétrie, le skewness est un indice qui permet de juger si les données suivent une loi normale. D'une façon générale, les valeurs en dehors de l'intervalle -2 et +2 indiquent une asymétrie accentuée des données (Hair et al, 2022, p 66).

- **Cas des construits de second ordre**

À titre de rappel, les construits de deuxième ordre permettent de définir un concept selon deux composantes (Cheah et al, 2019 ; Hair et al, 2022).

Dans le cas où un modèle possède des construits de deuxième ordre, les composantes sont considérées comme des indicateurs à ce même construit (sarstedt et al, 2019). De ce fait, les liens allant du concept aux composantes constituent des loadings (Sarstedt et al, 2019). Dans ce sens, les mêmes règles d'interprétation et de calcul sont appliquées pour les loadings, l'alpha de cronbach, la fiabilité composite, le Rho A, l'AVE et l'indice HTMT (Sarstedt et al., 2019).

[27] Bias Corrected and accelerated

Le tableau 11 synthétise les principales étapes qui permettent de vérifier le modèle de mesure dans la méthode PLS-SEM utilisant des modes réflexifs pour les construits à composante unique et réflexifs-réflexifs pour les construits de second ordre.

Tableau 11 : Les étapes du modèle de mesure de la méthode PLS-SEM avec des indicateurs réflexifs et/ou réflexifs-réflexifs

<table>
<tr><th>Étape du modèle de mesure</th><th>Indice</th><th>Condition d'acceptation</th><th>Références</th></tr>
<tr><td>Fiabilité des indicateurs</td><td>Loading</td><td>Loading $\rightarrow > 0,7$
Rétention de l'indicateur

$0,4 \leq$ Loading $< 0,7 \rightarrow$
Vérification de la fiabilité et la validité du construit

Loading $\rightarrow < 0,4$
Suppression de l'indicateur</td><td rowspan="3">(Hair et al, 2022)</td></tr>
<tr><td>Fiabilité du construit</td><td>L'alpha de cronbach (α)

La fiabilité composite (ρc)

L'indice (ρA)</td><td>$\geq 0,6$ dans les recherches exploratoires

$\geq 0,7$ dans les recherches confirmatoires</td></tr>
<tr><td>Validité convergente</td><td>La moyenne de la variance extraite (AVE)</td><td>$\geq 0,5$</td></tr>
<tr><td>Validité discriminante</td><td>Hétérotrait Monotrait (HTMT)</td><td>$\leq 0,9$ lorsque les concepts sont similaires

$\leq 0,85$ lorsque les concepts sont distincts</td><td>(Henseler et al, 2015)</td></tr>
</table>

Source : Réalisé par nos soins

Étape 4 : le modèle structurel

Après la validation du modèle de mesure, l'étape suivante consiste à évaluer le modèle structurel. Pour cela, Hair et al. (2022) recommandent de vérifier la colinéarité entre les construits, le pouvoir explicatif du modèle, la taille des effets, les chemins structurels ainsi que le pouvoir prédictif du modèle.

- **La colinéarité**

Dans le modèle structurel, la colinéarité fait référence à deux construits qui sont significativement corrélés.

La méthode PLS-SEM est une méthode de régressions par les moindres carrés de chaque variable endogène par rapport à des variables exogènes (Hair et al, 2022). Dans ce cas, l'existence d'une colinéarité entre les construits peut biaiser le modèle estimé. Pour cela, il est nécessaire avant tout d'évaluer le degré de colinéarité (Hair et al, 2022).

Le facteur d'inflation de la variance (VIF[28]) est un indice qui permet de détecter le degré de colinéarité entre les construits (Hair et al, 2022). Sa formule de calcul est présentée comme suit :

$$\mathbf{VIFx = 1/\ Tolérance\ x}$$

Avec :

Tolérance x : la part de la variance non expliquée d'un indicateur par le reste des indicateurs du même construit

En utilisant une modélisation par équations structurelles de type PLS, Hair et al. (2022) recommandent que les valeurs du VIF soient inférieures à 3 afin de vérifier l'inexistence totale d'une colinéarité entre les construits du modèle.

- **Le pouvoir explicatif du modèle : le coefficient de détermination (R^2)**

Le pouvoir explicatif du modèle structurel est déterminé à travers le coefficient de détermination (R^2) (Hair et al, 2022). Le R carré indique le degré de variance expliquée dans les variables endogènes par l'effet des variables exogènes (Hair et al, 2022). D'une façon générale, des

[28] Variance Inflation Factor

valeurs R carré de 0,19, 0,33 et 0,67 sont interprétées respectivement comme faibles, modérées et fortes (Chin, 1998).

- La taille de l'effet (f^2)

La taille de l'effet (Effect size) f^2 identifie le changement du coefficient de détermination (R^2) lorsqu'une variable exogène est négligée dans le modèle (Hair et al, 2022). Si l'omission d'une variable explicative entraine une diminution significative du R^2 de la variable à expliquer, cela indique l'importance de la variable omise (Hair et al, 2022). La formule qui permet de calculer la taille de l'effet est définie comme suit (Cohen, 1988, 1992) :

$$f^2 = R^2 \text{ included} - R^2 \text{ excluded} / 1 - R^2 \text{ included}$$

Avec :

$R^2_{Included}$: la valeur du coefficient de détermination lorsque la variable explicative est incluse.

$R^2_{excluded}$: la valeur du coefficient de détermination lorsque la variable explicative est omise.

Les valeurs de 0,02, 0,15 et 0,35 du f^2 sont interprétées respectivement comme faibles, moyennes et fortes (Cohen, 1988, 1992).

- Les coefficients de chemins

Dans le modèle structurel, les coefficients de chemins représentent les relations entre les construits (Hair et al, 2022).

En général, les coefficients de chemins sont compris entre -1 et +1. Une valeur proche de +1 indique l'effet positif d'une variable exogène sur une variable endogène. Par contre, une valeur proche de -1 démontre l'effet négatif d'une variable explicative sur une variable à expliquer. Dans le cas où les coefficients de chemins se rapprochent de 0, cela signifie que les relations entre les construits sont faibles (Hair et al, 2022).

Par ailleurs, afin d'obtenir des coefficients de chemin plus fiables, Hair et al. (2022) recommandent l'utilisation du bootsrapping[29]. Cette technique génère un test T avec des valeurs p pour tous les coefficients de chemin (Hair et al, 2022). En règle générale, les valeurs du test T doivent être supérieures à 1,65, 1,96 ou 2,57 avec respectivement des seuils de de signification de 10 %, 5% et 1% (Hair et al, 2022). Une autre alternative est que les valeurs p doivent être inférieures au seuil de signification choisi soit 10%, 5% ou 1% (Hair et al, 2022). Une dernière méthode d'interprétation des résultats du bootstrapping fait appel aux intervalles de confiance qui peuvent être de 90%, 95% ou 99% avec respectivement des seuils de signification de 10%, 5% ou 1% (Hair et al, 2022). Si l'intervalle de confiance au seuil choisi ne contient pas la valeur 0, l'hypothèse qui stipule l'existence d'un effet de la variable exogène sur la variable endogène est confirmée. Dans le cas contraire, l'hypothèse est infirmée (Hair et al, 2022). Toutefois, comme dans le cas de la validité discriminante, lorsque l'échantillon est en dessous de la taille minimale ou que les paramètres sont significativement asymétriques, l'utilisation de l'intervalle de confiance BCa[30] permet d'avoir des résultats dépourvus de biais (Hair et al, 2022).

Il est à noter que ces trois méthodes de vérification des chemins structurels sont presque semblables (Hair et al, 2022). Cependant, Hair et al. (2022) recommandent l'utilisation de la méthode avec des intervalles de confiance bootstrap vu qu'elle assure une stabilité dans l'estimation des coefficients de chemin.

---

[29] Technique statistique qui divise l'échantillon en plusieurs sous-échantillons (généralement 10 000) tirés au hasard. Cette méthode génère un intervalle de confiance de 99%, 95% ou 90% avec respectivement des seuils de signification de 1%, 5% ou 10% (Hair et al, 2022).

[30] Bias Corrected and accelerated

Le tableau 12 résume les principales étapes du modèle structurel en appliquant la méthode PLS-SEM :

Tableau 12 : Les étapes du modèle structurel selon la méthode PLS-SEM

Étape du modèle structurel	Indice	Condition d'acceptation	Références
La colinéarité	VIF	VIF < 3	(Hair et al, 2022)
Le pouvoir explicatif du modèle	Le coefficient de détermination (R^2)	$0,19 \leq R^2 < 0,33 \rightarrow$ faible $0,33 \leq R^2 < 0,67 \rightarrow$ moyen $R^2 \geq 0,67 \rightarrow$ fort	(Chin, 1998)
La taille de l'effet	L'indice f^2	$0,02 \leq f^2 < 0,15 \rightarrow$ faible $0,15 \leq f^2 < 0,35 \rightarrow$ moyen $f^2 \geq 0,35 \rightarrow$ fort	(Cohen, 1998)
Les coefficients de chemin	Test T	T > 1,65 pour un seuil de signification 10% T > 1,96 pour un seuil de signification 5% T > 2,57 pour un seuil de signification 1% Une valeur p inférieure au seuil de signification choisi	(Hair et al, 2022)
	Bootstrapp	Un intervalle de confiance qui ne contient pas la valeur 0	

Source : Réalisé par nos soins

- Les méthodes de traitements des modèles ayant des construits d'ordre supérieur

Généralement, il existe deux approches pour le traitement des modèles ayant des construits d'ordre supérieur (Becker et al, 2023) : l'approche des indicateurs répétés (repeated indicators approach) et l'approche à deux stages (two-stage approach).

L'approche à indicateurs répétés est une configuration du modèle de mesure dans laquelle les indicateurs des composantes sont aussi affectés au construits d'ordre supérieur (Hair et al, 2024). Par conséquent, l'indicateur est *répété* deux fois, une affectation à sa composante et une autre au construit d'ordre supérieur (Hair et al, 2024).

L'approche à deux stages est divisée en deux étapes : la première évalue le modèle de mesure des composantes des construits d'ordre supérieur ainsi que les construits à une seule composante, la deuxième étape utilise les scores générés lors de la première étape, ce qui permet d'évaluer à la fois le modèle de mesure des construits de second ordre et le modèle structurel (Hair et al, 2024).

L'approche à deux stages est de deux types : L'approche à deux stages intégrée (The Embedded Two-Stage Approach) (Ringle et al, 2012) et l'approche à deux stages disjoints (The dijoint Two-Stage Approach) (Becker et al, 2012). La différence entre les deux méthodes est que dans l'étape 1 de l'approche à deux stages intégrés, les construits d'ordre supérieur sont modélisés en intégralité (le construit d'ordre supérieur et ses composantes) en suivant l'approche à indicateurs répétés. Par contre, l'approche à deux stages disjoints n'intègre que les construits à une seule composante et les composantes des construits d'ordre supérieur dans l'étape 1, d'où les appellations « intégrées » et « disjoints » (Sarstedt et al, 2019).

Malgré que toutes les approches donnent généralement des résultats semblables (Sarstedt et al, 2019 ; Cheah et al., 2019), l'approche à deux stages disjoints est recommandée par Becker et al. (2023). Cela revient au fait que les résultats de l'approche à deux stages disjoints sont facilement interprétables via les logiciels informatiques. D'autant plus qu'aucun logiciel ne détermine intégralement le modèle de mesure des construits d'ordre supérieur dans une approche à indicateur répetés. Par conséquent, le calcul doit se faire manuellement, ce qui peut fausser les résultats.

À titre de rappel, les construits de premier ordre sont considérés comme des indicateurs du construit de second ordre. Par conséquent, les relations allant du construit de deuxième ordre aux composantes (le cas d'un modèle réflexif-réflexif) sont considérées comme des charges factorielles (Sarstedt et al, 2019). À cet effet, les mêmes règles d'interprétation et de calcul sont appliquées pour les loadings, l'alpha de cronbach, la fiabilité composite, le Rho A, l'AVE et l'indice HTMT (Sarstedt et al., 2019).

Deuxième chapitre :
L'application de l'étude empirique sur les logiciels

1. Application de l'analyse factorielle exploratoire sur le logiciel IBM SPSS STATISTICS 27

Dans le cas d'une échelle de mesure du construit « bouche à oreille positif » relevée dans la littérature, les étapes d'une analyse factorielle exploratoire via une ACP seront présentées sur le logiciel IBM SPSS STATISTICS 27.

1.1 Le KMO, le test de sphéricité de Bartlett, le pourcentage de la variance, le critère de Kaiser, les loadings et les communalités

Sur le logiciel IBM SPSS STATISTICS 27, il faut suivre les étapes suivantes :

Onglet « Analyse » ➡ « réduction des dimensions ➡ « Analyse factorielle »

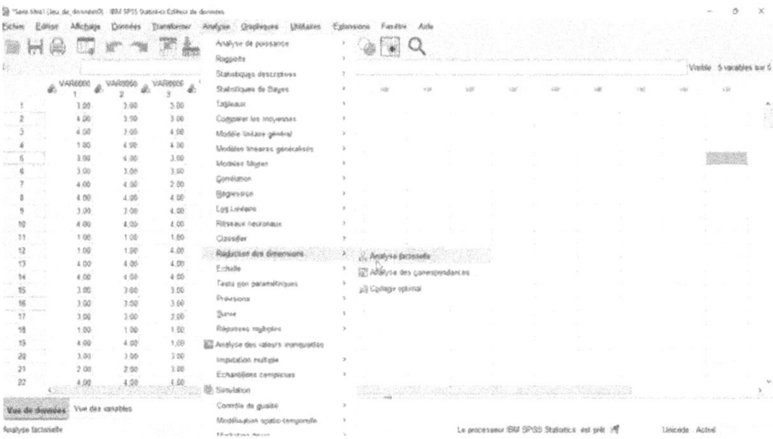

Lorsque la fenêtre de l'analyse factorielle s'ouvre, il faut insérer l'ensemble des variables concernées par l'analyse dans la case des variables en utilisant la case avec la flèche bleue.

Par la suite, afin d'activer le test du KMO et de sphéricité de Bartlett, il faut suivre les étapes suivantes :

« Descriptives » ➡ « Indice KMO et test de sphéricité de Bartlett » ➡ « Poursuivre »

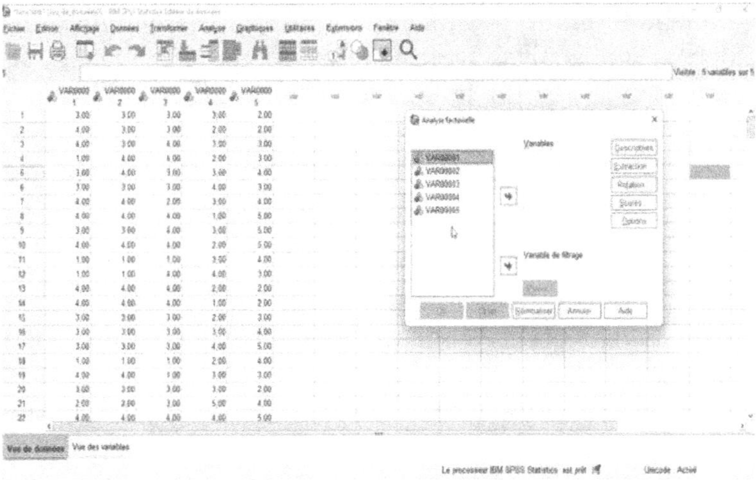

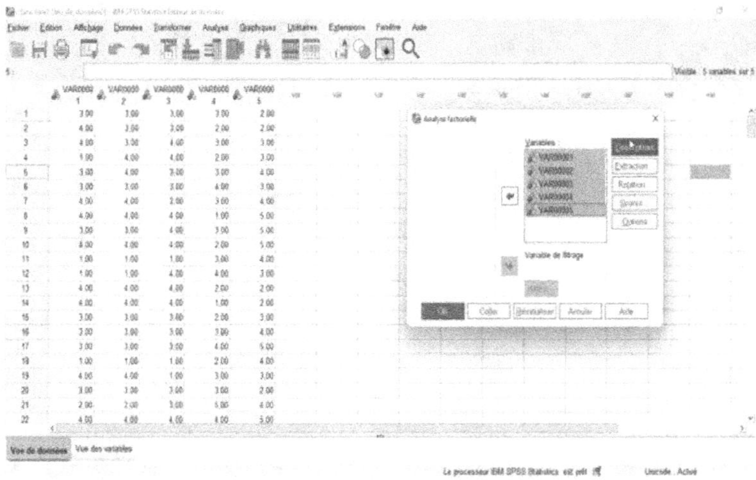

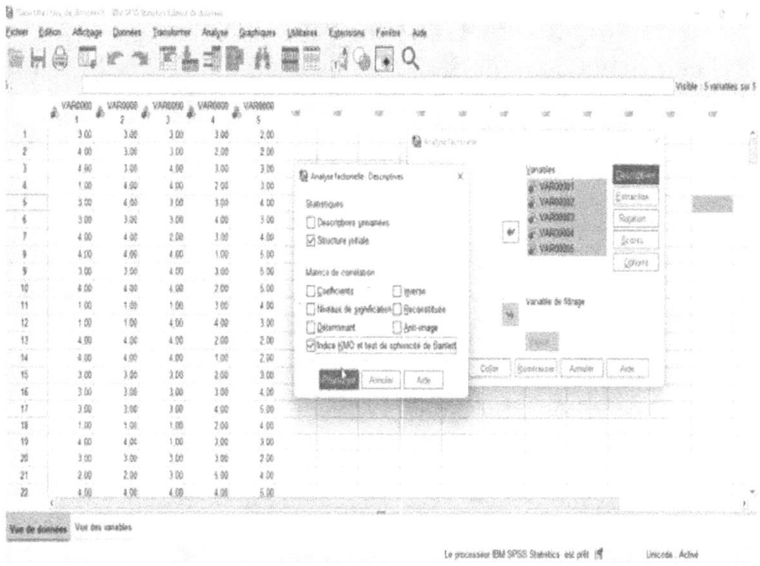

Enfin, il faut activer la rotation avec la méthode Varimax en suivant les étapes suivantes :

« Rotation » ➡ « Varimax » ➡ « Poursuivre »

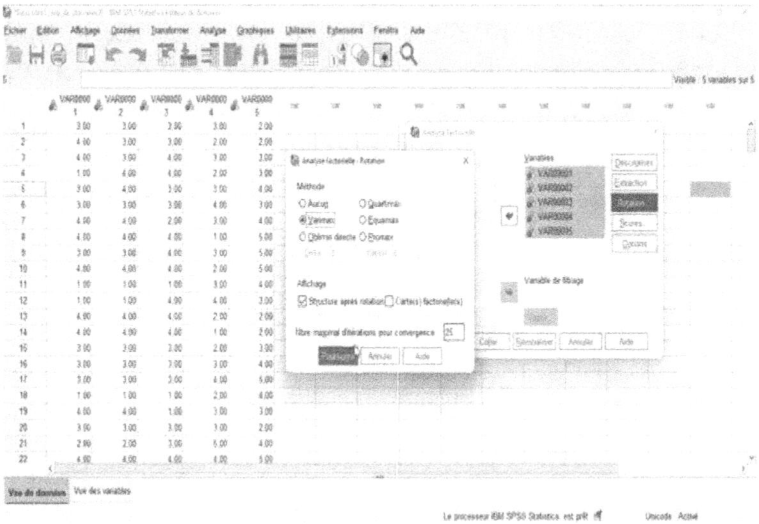

1.2 L'alpha de Cronbach

Dans le but de réaliser une analyse de fiabilité par l'alpha de Cronbach, il faut suivre les étapes suivantes :

Onglet « Analyse » ➡ « échelle » ➡ « Analyse de fiabilité »

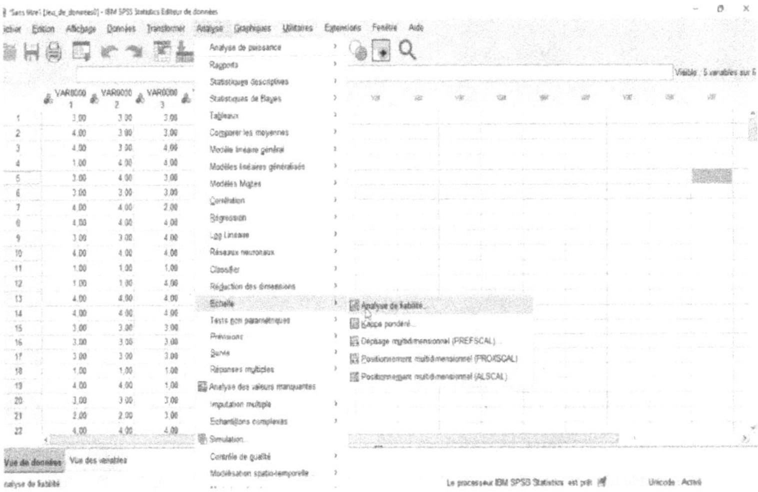

Dans la fenêtre réservée à l'échelle de fiabilité, il faut insérer toutes **les variables concernées par l'analyse** en les sélectionnant et en cliquant sur la case avec la flèche bleue. Par la suite, vous lancez l'analyse, en cliquant sur « Ok ».

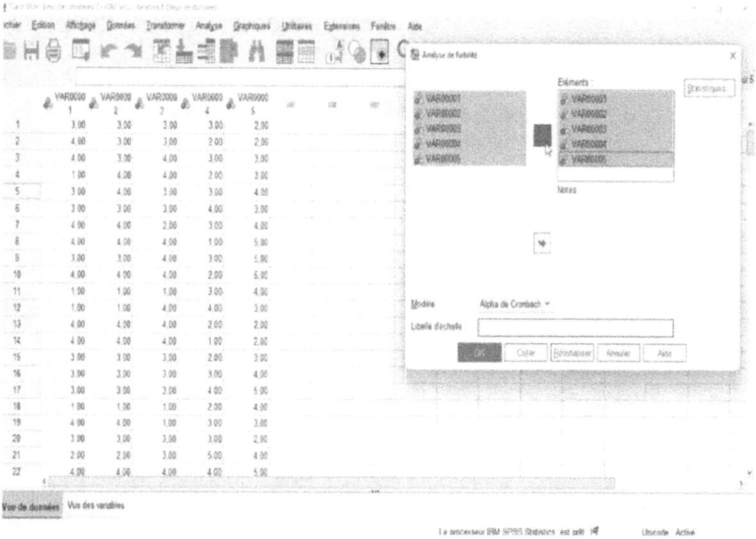

2. Application de l'analyse factorielle confirmatoire sur le logiciel SMARTPLS 3.2.9

Dans le cadre d'un modèle conceptuel qui tente de déterminer l'effet des construits « bouche à oreille positif » et « attachement à la marque » sur « la fidélisation à la marque », les modèles de mesure et structurel seront appliqués sur SMARTPLS 3.2.9.

Comme démontré sur le schéma, le construit « bouche à oreille positif » possède 3 indicateurs, « l'attachement à la marque » est opérationnalisée avec 4 indicateurs et « la fidélité à la marque » avec 5 indicateurs.

2.1 Création du modèle

Afin de créer un modèle conceptuel sur SmartPLS, il faut insérer les construits ainsi que leurs indicateurs. Pour cela, l'utilisateur doit sélectionner les indicateurs du construit, en bas à gauche, puis coller ces indicateurs sur la page principale.

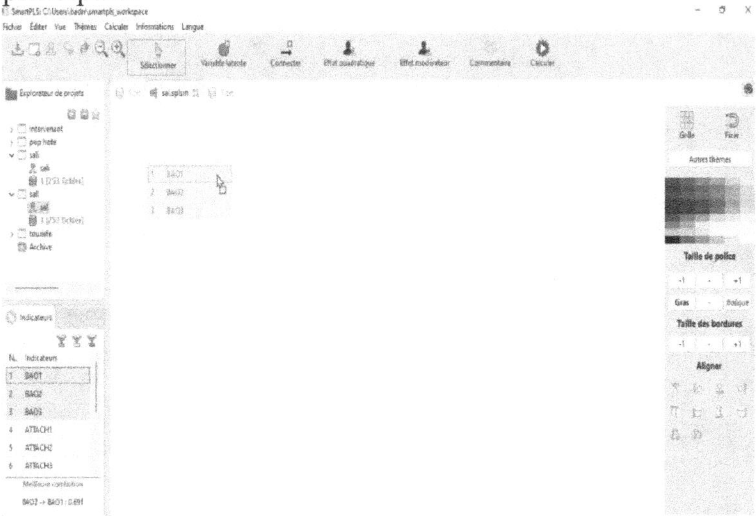

Par la suite, il faut renommer le construit selon la dénomination du concept ou selon la codification utilisée. Pour cela, il faut utiliser le clique droit de la souris en mettant le curseur sur le construit puis cliquer sur la case « Renommer ». Enfin, une fenêtre s'ouvre où il faut insérer le nom du construit puis cliquer sur « OK ».

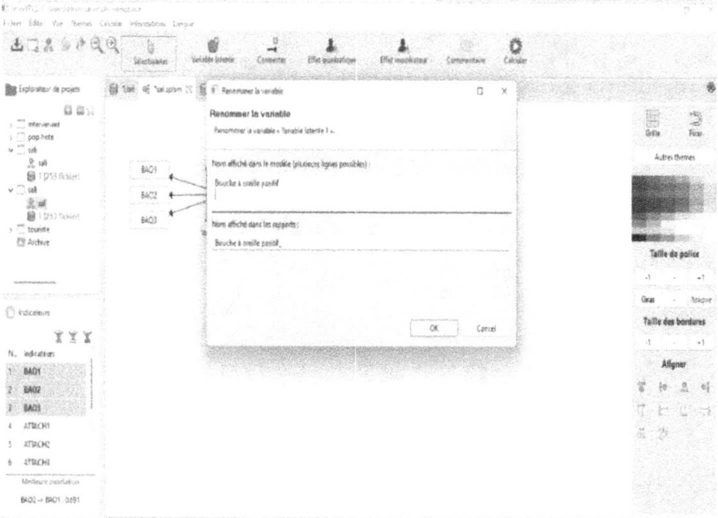

Après avoir inséré l'ensemble des construits du modèle, il faut mettre en lien ces mêmes construits. Sur le logiciel SmartPLS, il faut cliquer sur l'onglet « connecter » situé sur la barre principale. Par la suite, il faut cliquer en premier lieu sur le construit explicatif puis le lier avec le construit à expliquer.

NB : Sur SmartPLS, l'analyse ne peut se faire qu'après avoir lié tous les construits du modèle. Par conséquent, les cercles qui représentent les construits prennent une couleur bleue (voir image ci-dessous).

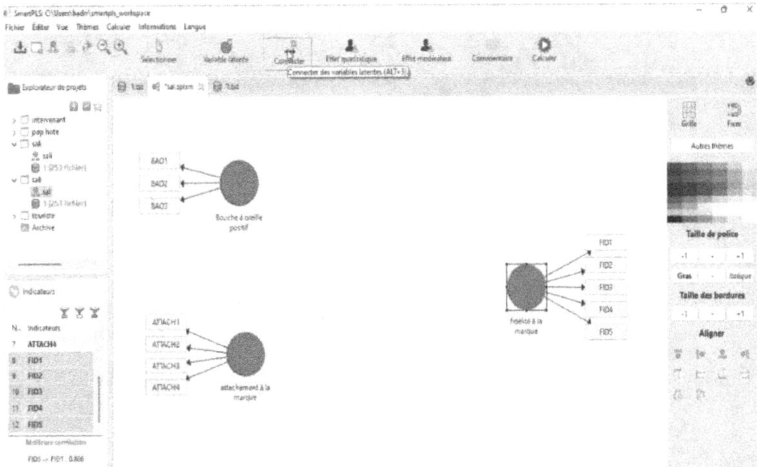

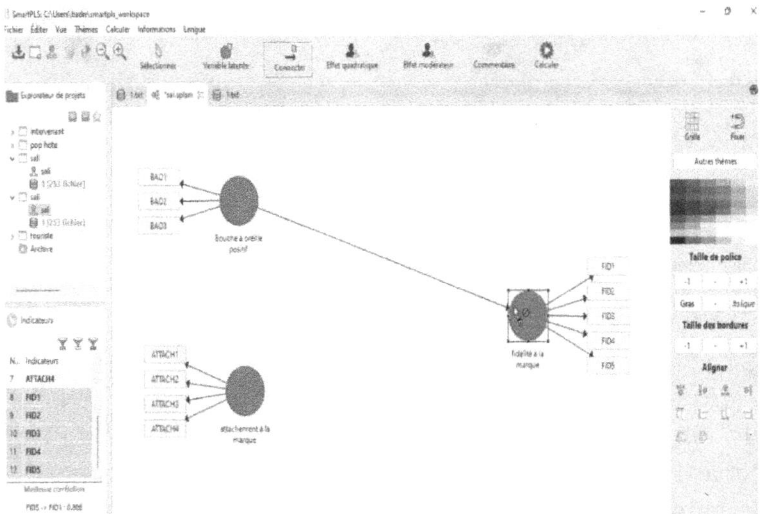

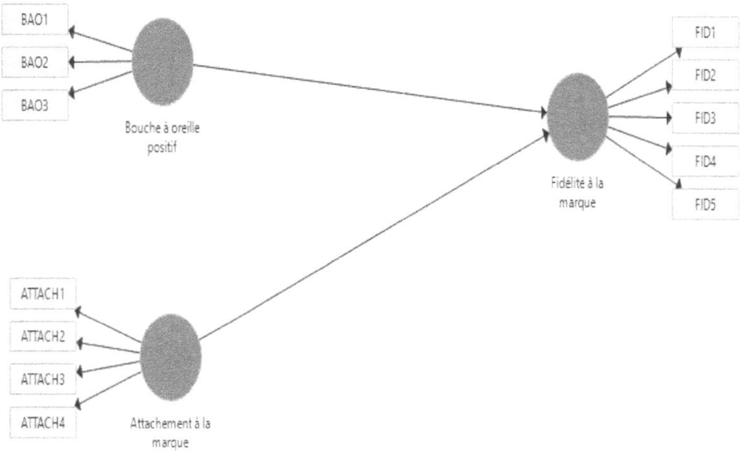

2.2 Le modèle de mesure : la fiabilité des indicateurs (loadings), la fiabilité des construits (alpha de Cronbach, Rho A et Rho C), la validité convergente (AVE)

Afin de lancer le modèle de mesure (hors le HTMT par Bootstrap), il faut suivre les étapes suivantes :

L'onglet « Calculer » ➡ sur le ruban « Algorithme PLS » ➡ sur la fenêtre « calculer »

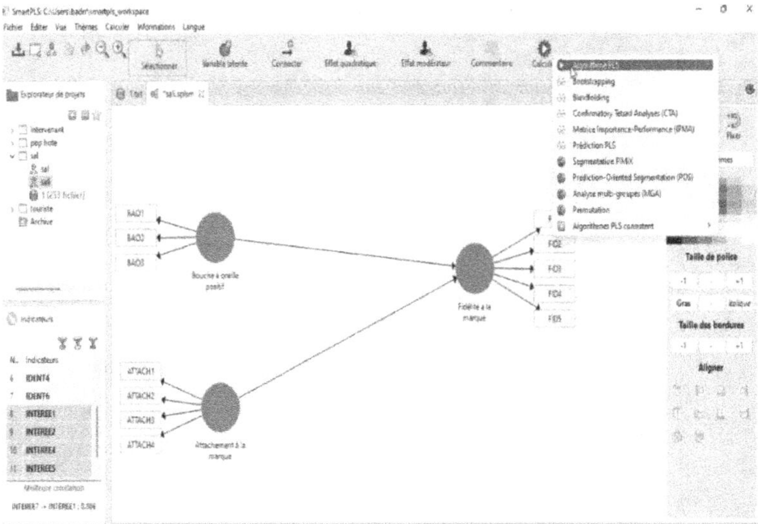
Fichier Éditer Vue Thèmes Calculer Informations Langue
Sélectionner
Variable latente
Connecter
Effet quadratique
Effet modérateur
Commentaire
Bootstrapping
Blindfolding
Confirmatory Tetrad Analyses (CTA)
Prédiction PLS
Segmentation FIMIX
Prediction-Oriented Segmentation (POS)
Analyse multi-groupes (MGA)
Permutation
Algorithmes PLS consistent
Explorateur de projets
Indicateurs
BAO1
BAO2
BAO3
Bouche à oreille positif
FID2
FID3
FID4
FID5
Fidélité à la marque
ATTACH1
ATTACH2
ATTACH3
ATTACH4
Attachement à la marque
Taille de police
Gras
Italique
Taille des bordures
Aligner

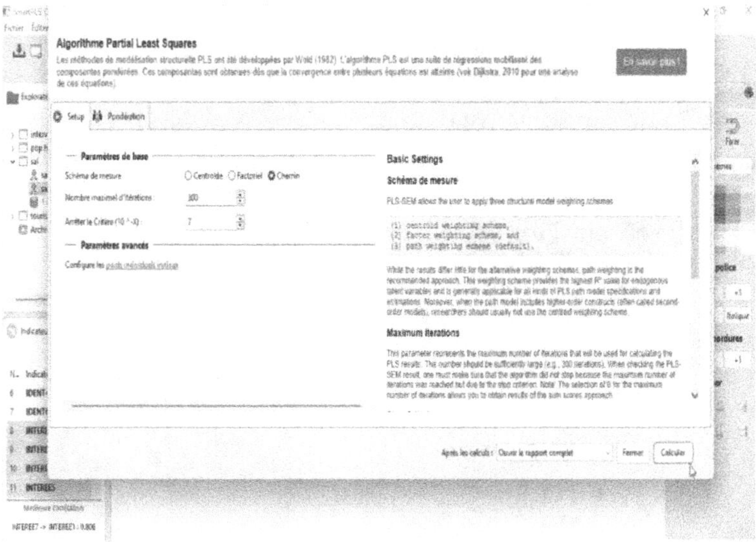
Algorithme Partial Least Squares
En savoir plus !
Setup
Pondération
Paramètres de base
Schéma de mesure
Centroïde
Factoriel
Chemin
Nombre maximal d'itérations
300
Arrêter le Critère (10^-X) :
7
Paramètres avancés
Basic Settings
Schéma de mesure
Maximum iterations
Après les calculs :
Ouvrir le rapport complet
Fermer
Calculer

En bas de la page, on retrouve l'ensemble des analyses du modèle de mesure : charges externes des indicateurs (loadings), fiabilité des construits (alpha de Cronbach, Rho A et Rho C) et validité convergente des construits (AVE) (voir image ci-dessous).

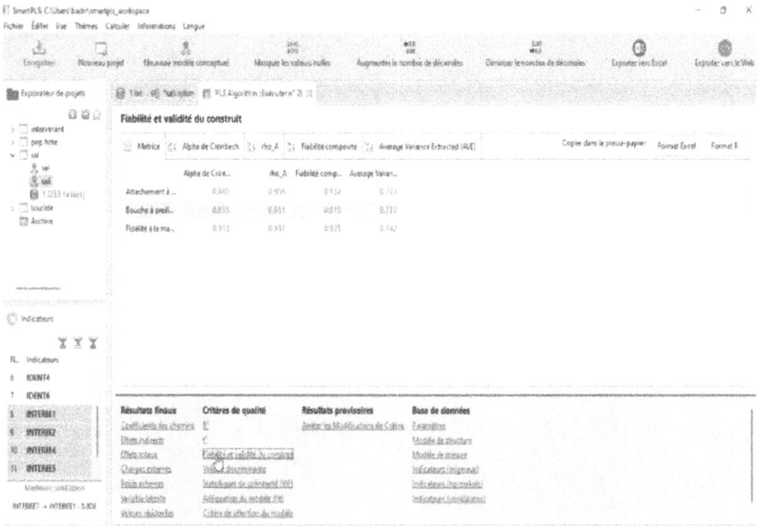

2.3 Le modèle de mesure : la validité discriminante (HTMT) à travers le Bootstrap

Pour lancer l'analyse du HTMT par bootstrap, il faut suivre les étapes ci-après : L'onglet « Calculer » ➡ sur le ruban « Bootstrapping » ➡ test « Bilatéral » ➡ sur la fenêtre « calculer »

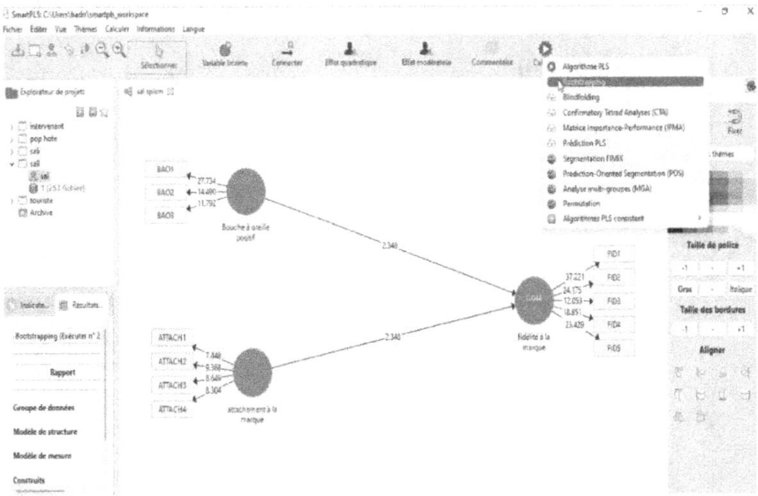

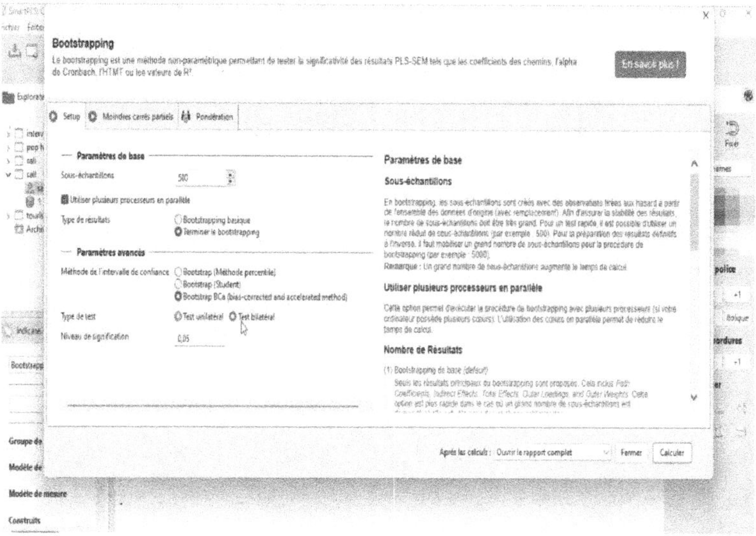
Bootstrapping
Paramètres de base
Sous-échantillons
Paramètres avancés
Utiliser plusieurs processeurs en parallèle
Nombre de Résultats
Après les calculs : Ouvrir le rapport complet
Fermer
Calculer

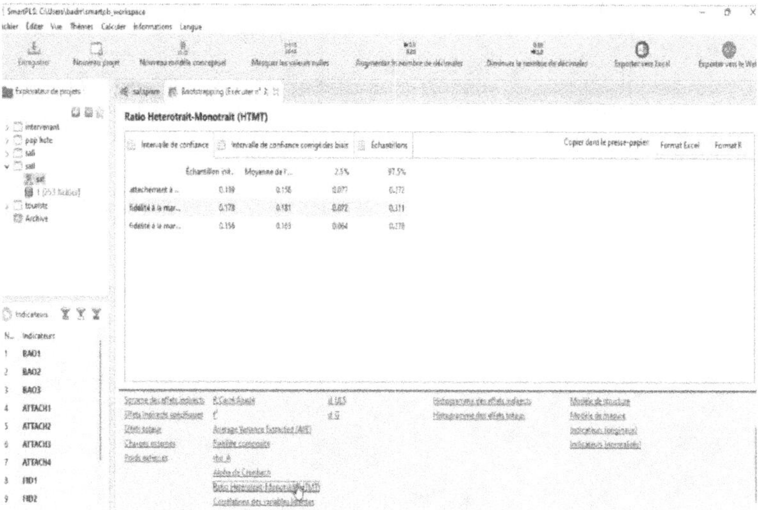
Ratio Heterotrait-Monotrait (HTMT)
Intervalle de confiance
Intervalle de confiance corrigé des biais
Échantillons

2.4 Le modèle structurel : l'indice d'inflation de la variance (VIF), le coefficient de détermination (R^2) et la taille de l'effet (f^2)

Afin de lancer une analyse du modèle structurel, il faut suivre les étapes suivantes :

L'onglet « Calculer » ➡ sur le ruban « Algorithme PLS » ➡ sur la fenêtre « calculer »

En bas de la page principale, on retrouve l'ensemble des tests du modèle structurel : l'indice d'inflation de la variance (VIF), le coefficient de détermination (R^2) et la taille de l'effet (f^2).

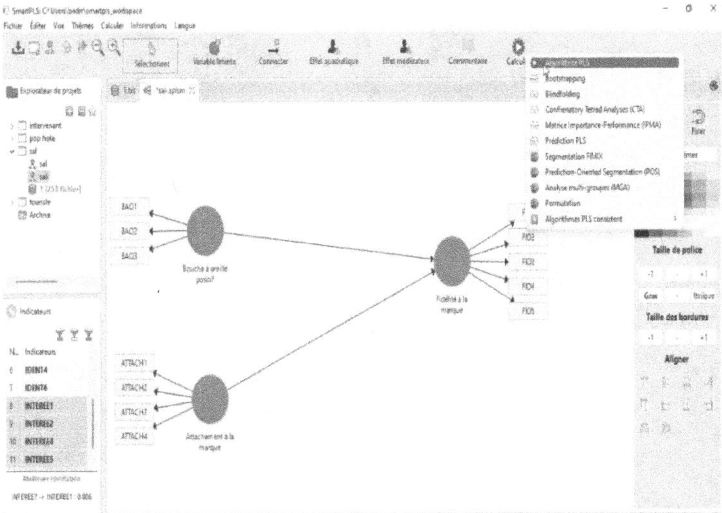

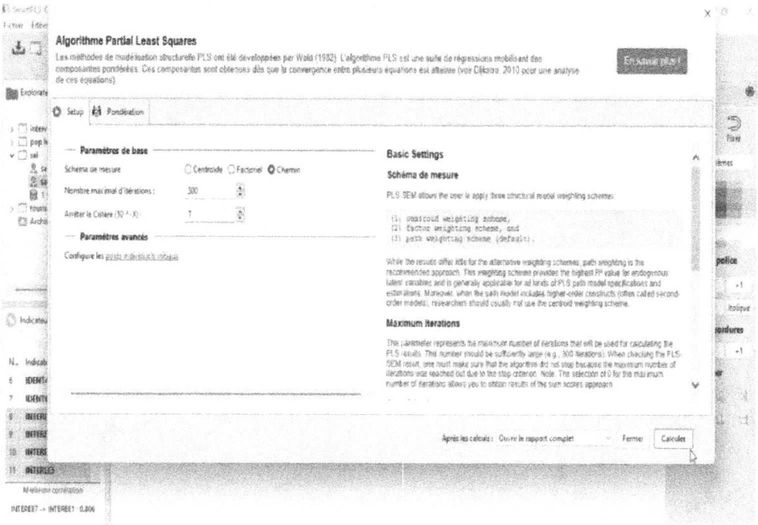
Algorithme Partial Least Squares
Setup
Pondération
Paramètres de base
Schéma de mesure
Centroïde
Factoriel
Chemin
Nombre maximal d'itérations :
300
Paramètres avancés
Basic Settings
Schéma de mesure
Maximum Iterations
Après les calculs :
Ouvrir le rapport complet
Fermer
Calculer

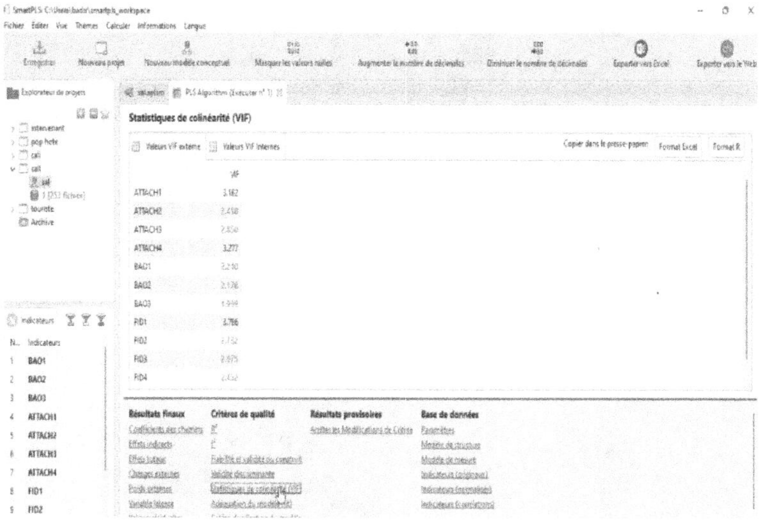
Fichier
Éditer
Vue
Thèmes
Calculer
Informations
Langue
Explorateur de projets
Statistiques de colinéarité (VIF)
Valeurs VIF externe
Valeurs VIF internes
Copier dans le presse-papier
Format Excel
Format R
VIF
ATTACH1
3.162
ATTACH2
ATTACH3
ATTACH4
3.277
BAO1
BAO2
BAO3
FID1
FID2
FID3
FID4
Résultats finaux
Critères de qualité
Résultats provisoires
Base de données

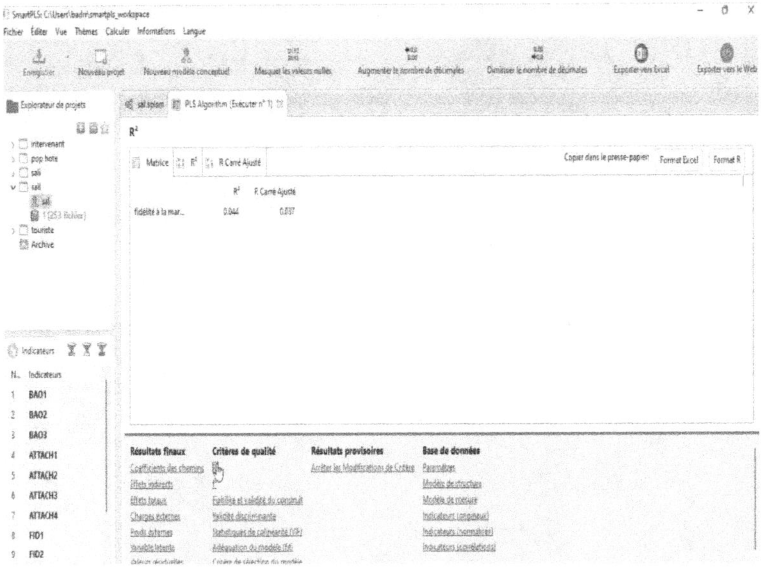

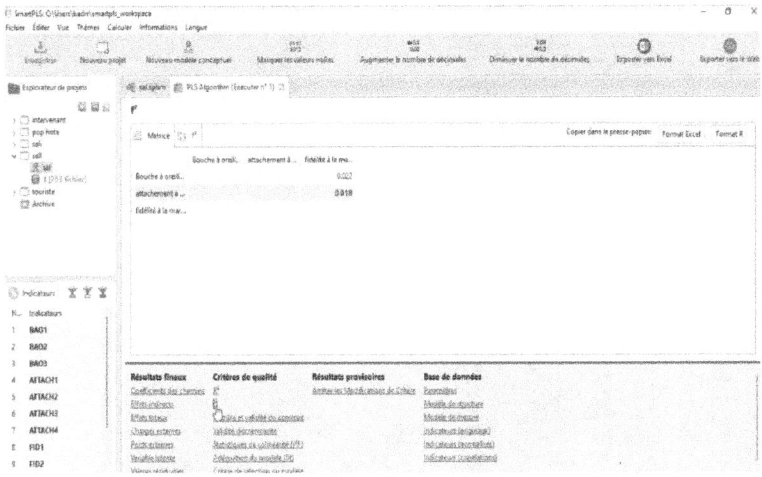

2.5 Le modèle structurel : le test T par la méthode Bootstrap

Pour lancer le test T selon la méthode du bootstrap, il faut suivre les étapes ci-après :

L'onglet « Calculer » ➡ sur le ruban « Bootstrapping » ➡ sur la fenêtre « test bilatéral » ➡ sur la fenêtre « calculer »

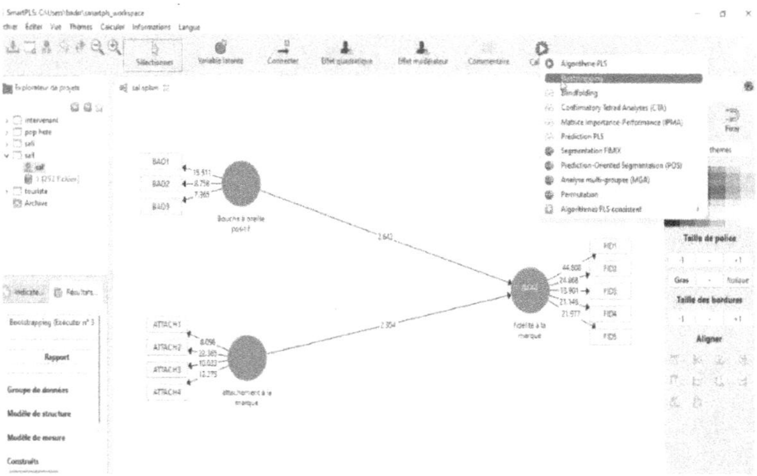

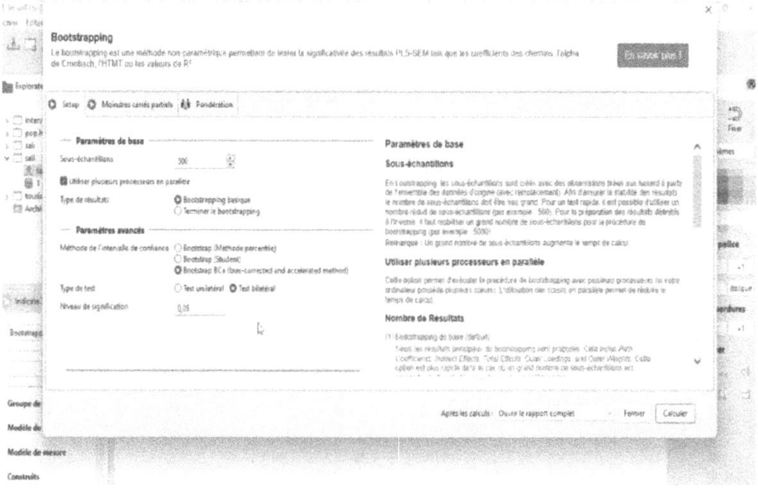

En bas de la page principale, sur l'onglet « coefficients de chemin », on retrouve les résultats du test T : Valeurs T, Valeur-p et les intervalles de confiance.

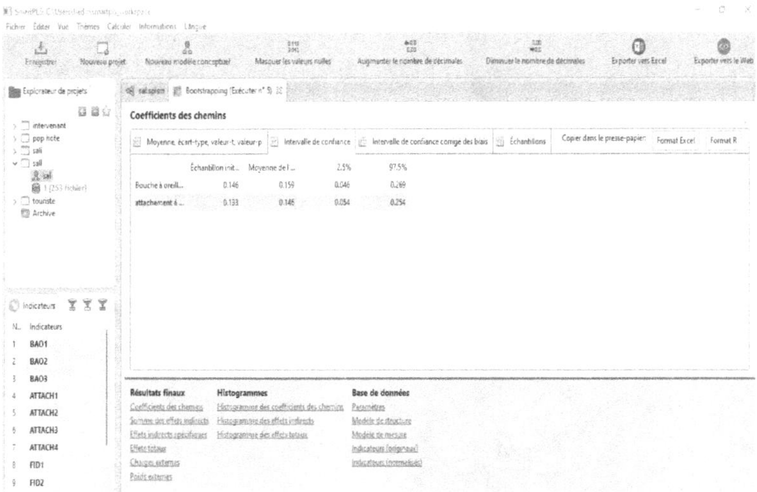

Durant cette partie, nous avons pu mettre en lumière les différentes études qualitatives et quantitatives utilisées dans la phase empirique des recherches en sciences sociales. Toutefois, nous avons plus mis l'accent sur les équations structurelles basées sur la variance (PLS) car cette méthode a, jusqu'à présent, démontré son efficacité.

Durant les prochaines éditions, nous nous engagerons à détailler les techniques de recueil et d'analyse de données qualitatives.

Cas hypothétiques

Cas hypothétique 1

1. Sujet de recherche

Gouvernance et modernisation des marchés publics d'infrastructures et de développement territorial durable

2. Motivation de recherche

Les marchés publics représentent un instrument central de l'action publique et constituent un levier stratégique du développement économique et social. Au Maroc, ils absorbent une part considérable des dépenses publiques, en particulier dans le domaine des infrastructures (routes, eau potable, assainissement, établissements scolaires et hospitaliers). Ces marchés conditionnent directement la qualité de vie des citoyens, la compétitivité des territoires et la durabilité des investissements.

La modernisation des marchés publics, portée par les réformes légales, la digitalisation des procédures et l'intégration des critères sociaux et environnementaux, s'impose aujourd'hui comme une exigence incontournable. Cette recherche vise à analyser la relation entre gouvernance, performance et durabilité dans les marchés publics d'infrastructures au Maroc, en mobilisant une approche quantitative et un cadre empirique innovant.

3. Introduction

Les marchés publics constituent un pilier de l'économie marocaine. Ils représentent non seulement un outil de mise en œuvre des politiques publiques, mais également un vecteur majeur de redistribution économique et de développement territorial. L'OCDE (2022) rappelle que, dans plusieurs pays émergents, ils peuvent représenter jusqu'à 15 % du PIB, ce qui leur confère un rôle stratégique dans la croissance et la durabilité.

Au Maroc, les investissements publics dans les infrastructures absorbent une part significative du budget national et local. Cependant, malgré les réformes entreprises (révision du décret des marchés publics, introduction de la commande publique électronique, promotion de la concurrence), plusieurs défis persistent :

- Manque de transparence et d'accès à l'information.
- Difficultés de coordination institutionnelle.
- Faible intégration des critères de durabilité dans les appels d'offres.
- Inégalités d'accès entre grandes entreprises et PME locales.

La question centrale est donc de savoir comment la gouvernance et la modernisation des marchés publics peuvent répondre aux impératifs du développement durable et contribuer à une meilleure performance économique et sociale.

4. Problématique et questions de recherche

La commande publique occupe une place centrale dans l'économie marocaine en tant qu'outil de mise en œuvre des politiques publiques et levier du développement territorial. Pourtant, malgré les réformes successives et l'introduction de la digitalisation, plusieurs limites persistent : manque de transparence, complexité des procédures, faible participation des PME locales et intégration encore limitée des critères de durabilité. Ces constats soulignent la nécessité d'interroger les mécanismes de gouvernance et les processus de modernisation afin d'évaluer leur impact réel sur la performance et la durabilité des marchés publics d'infrastructures.

Problématique de recherche

Dans quelle mesure la gouvernance et la modernisation des marchés publics d'infrastructures contribuent-t-elles à la réalisation des objectifs de développement territorial durable au Maroc ?

Questions de recherche

- Quels mécanismes de gouvernance influencent la performance des marchés publics d'infrastructures ?
- Comment la modernisation (digitalisation, transparence, régulation) affecte-t-elle leur efficacité ?
- Quels indicateurs permettent de mesurer la durabilité dans les marchés publics ?
- Comment modéliser et valider empiriquement les relations entre gouvernance, modernisation et durabilité ?

5. Objectifs de recherche

Objectif général : analyser la relation entre gouvernance, modernisation et durabilité dans les marchés publics d'infrastructures au Maroc.

Objectifs spécifiques :

- Identifier les dimensions clés de la gouvernance des marchés publics.
- Évaluer l'impact des réformes de modernisation (digitalisation, transparence, concurrence).
- Construire des indicateurs de performance et de durabilité.
- Tester un modèle empirique liant gouvernance, modernisation et durabilité à l'aide d'équations structurelles basées sur la variance (PLS-SEM).
- Proposer des recommandations scientifiques et opérationnelles pour la réforme des marchés publics.

6. Revue de littérature

- **Gouvernance des marchés publics**

La gouvernance des marchés publics s'inscrit dans la logique de la gestion des ressources collectives. Selon l'OCDE (2016, 2022), elle repose sur trois piliers : la transparence, la concurrence et l'intégrité. Plusieurs travaux insistent sur la nécessité d'une gouvernance inclusive, associant institutions, entreprises et société civile.

- **Modernisation de la commande publique**

La modernisation passe par la digitalisation des procédures, l'harmonisation avec les normes internationales et la simplification administrative. La Banque mondiale (2021) souligne que la digitalisation réduit significativement les risques de corruption et favorise l'efficacité.

- **Développement territorial durable et marchés publics**

Le concept d'« achats publics durables » (UNEP, 2017) met en avant l'intégration des critères environnementaux, sociaux et économiques, dans les appels d'offres. Plusieurs pays ont introduit des clauses vertes et sociales dans leurs marchés publics mais leur mise en œuvre reste limitée.

- **Limite scientifique**

Au Maroc, la recherche reste dominée par une approche juridique ou descriptive. Peu d'études empiriques mesurent les effets de la gouvernance et de la modernisation sur la durabilité des marchés publics.

7. Cadre théorique

7.1 Cadre conceptuel

Le modèle repose sur trois dimensions principales :

- **Gouvernance** : transparence, participation et contrôle institutionnel.

- **Modernisation** : digitalisation, simplification des procédures et accès équitable.
- **Durabilité** : critères sociaux (emploi, inclusion), économiques (efficacité des dépenses), et environnementaux (impact écologique).

7.2 Hypothèses de recherche

- H1 : Une gouvernance renforcée améliore la performance des marchés publics.
- H2 : La modernisation des procédures accroît la transparence et l'efficacité.
- H3 : L'intégration des critères de durabilité dans les marchés publics contribue au développement territorial.

8. Méthodologie de recherche

8.1 Positionnement épistémologique

La recherche s'inscrit dans un paradigme **postpositiviste**, qui considère que la réalité sociale peut être appréhendée à travers des modèles explicatifs et des hypothèses testables.

8.2 Approche scientifique

La démarche adoptée est **hypothético-déductive**, visant à tester des hypothèses théoriques à partir de données empiriques.

8.3 Méthode

La recherche privilégie une **méthode quantitative**, permettant de mesurer les relations entre les variables et de valider un modèle structurel.

8.4 Terrain d'étude

Le terrain envisagé couvre les **marchés publics d'infrastructures au Maroc**, en particulier ceux relevant des collectivités territoriales et des grands programmes nationaux (routes, eau, assainissement, équipements publics).

8.5 Sources de données

- **Primaires :** enquêtes auprès des acteurs impliqués (fonctionnaires, entreprises adjudicataires, experts).
- **Secondaires :** rapports officiels (Ministère de l'Économie et des Finances, Trésorerie Générale du Royaume, Cour des Comptes, OCDE, Banque mondiale).

8.5Collecte de données

Les questionnaires permettront de mesurer la perception des acteurs sur la gouvernance, la modernisation et la durabilité des marchés publics.

8.7 Analyse de données

L'analyse des données sera réalisée selon des équations structurelles basées sur la variance (PLS-SEM) à l'aide du logiciel **SmartPLS**. Cet outil permet :

- De tester des modèles complexes avec plusieurs variables latentes.
- De valider la fiabilité et la validité des indicateurs.
- De mesurer l'impact direct et indirect des dimensions de gouvernance et de modernisation sur la durabilité.

Ce choix méthodologique reflète la volonté de produire une analyse robuste et innovante, dépassant les simples approches descriptives.

9. Apports attendus

- **Théoriques** : proposer un modèle reliant gouvernance, modernisation et durabilité des marchés publics.
- **Méthodologiques** : introduire l'usage des équations structurelles basées sur la variance (PLS-SEM) dans l'analyse de l'économie publique marocaine.

- **Managériaux** : fournir aux décideurs des outils d'évaluation et de pilotage des réformes de la commande publique.

10. Plan provisoire de la thèse

Introduction générale

Partie 1 : Marché public des infrastructures et durabilité territoriale

Chapitre 1 : Cadre conceptuel et théorique

Gouvernance des marchés publics
Modernisation et digitalisation
Développement durable

Chapitre 2 : Revue de littérature

Travaux internationaux
Études marocaines
Modèle conceptuel et hypothèses

Partie 2 : Gouvernance et modernisation des marchés publics des infrastructures et impact territorial au Maroc

Chapitre 1 : Méthodologie et terrain de recherche

Positionnement épistémologique
Stratégie de collecte et d'analyse
Présentation du terrain

Chapitre 2 : Discussion et contributions

Résultats quantitatifs (PLS-SEM)
Analyse des résultats
Vérification des hypothèses et réponses à la problématique

Conclusion générale

11. Bibliographie indicative

Banque Mondiale. (2021). Public Procurement Reform in Emerging Economies. Washington, DC.

OCDE. (2016). Public Procurement for Sustainable and Inclusive Growth. Paris.

OCDE. (2022). La gouvernance des marchés publics au Maroc : défis et perspectives. Paris.

Ostrom, E. (1990). Governing the Commons: The Evolution of Institutions for Collective Action. Cambridge University Press.

UNEP. (2017). Sustainable Public Procurement: A Global Review. United Nations Environment Programme.

Cas hypothétique 2

1. Sujet de recherche

Développement régional et disparités économiques : le contraste Casablanca-Settat / Drâa-Tafilalet à l'épreuve de la régionalisation avancée

2. Motivation de recherche

La question des disparités territoriales et des inégalités économiques est au cœur des débats sur le développement au Maroc. Malgré la mise en place de la régionalisation avancée et les efforts déployés à travers des programmes nationaux et des investissements publics, les écarts entre régions littorales et régions intérieures persistent.

Cette recherche s'inscrit dans une perspective académique et empirique visant à analyser les déterminants de ces inégalités et à évaluer l'impact de la régionalisation avancée sur la réduction des disparités. L'intérêt scientifique réside dans l'articulation entre les dynamiques spatiales, économiques et institutionnelles, tandis que l'intérêt pratique se trouve dans la capacité à produire des résultats exploitables par les décideurs publics et les collectivités territoriales.

3. Introduction

Le Maroc présente un contraste territorial marqué : d'un côté, des régions métropolitaines et littorales comme **Casablanca-Settat**, qui concentrent la majorité de la richesse nationale, des infrastructures et des investissements ; de l'autre, des régions intérieures comme **Drâa- Tafilalet**, caractérisées par un retard économique et social persistant.

Ces disparités se manifestent dans des indicateurs clés tels que le PIB par habitant, le taux de chômage, l'accès aux services sociaux de base et les infrastructures économiques. Le Haut Commissariat au Plan (HCP) souligne que l'écart de richesse par habitant entre Casablanca- Settat et Drâa-Tafilalet dépasse un rapport de 3 à 1.

La régionalisation avancée, introduite en 2011 et opérationnalisée à partir de 2015, avait pour ambition de réduire ces écarts par une gouvernance décentralisée, un transfert de compétences et une responsabilisation des régions. Or, les résultats restent mitigés et la question de l'efficacité de cette réforme demeure ouverte.

C'est dans ce contexte que s'inscrit ce projet doctoral, qui vise à analyser les dynamiques économiques et territoriales du Maroc en comparant deux régions contrastées, afin de comprendre les déterminants des disparités et le rôle réel de la régionalisation avancée.

4. Problématique et questions de recherche

Les inégalités régionales persistent au Maroc malgré la multiplication des stratégies de développement. Les indicateurs économiques et sociaux révèlent des écarts croissants entre les régions métropolitaines et les régions défavorisées. L'enjeu est donc d'analyser les causes profondes de ces disparités et d'évaluer dans quelle mesure la régionalisation avancée contribue à les réduire.

Problématique de recherche :

Dans quelle mesure la régionalisation avancée favorise-t-elle la réduction des disparités territoriales et des inégalités économiques au Maroc ?

Questions de recherche :

- Quels indicateurs révèlent les disparités territoriales au Maroc ?
- Quels facteurs institutionnels, économiques et sociaux expliquent les écarts entre Casablanca-Settat et Drâa-Tafilalet ?

- Comment la gouvernance régionale et le transfert de compétences influencent t-ils le développement territorial ?
- Quels leviers peuvent être renforcés pour réduire durablement les disparités régionales ?

5. Objectifs de recherche

Objectif général : analyser les déterminants des disparités territoriales et évaluer l'impact de la régionalisation avancée sur la convergence régionale.

Objectifs spécifiques :

- Identifier les indicateurs économiques et sociaux reflétant les disparités régionales.
- Mesurer les écarts entre les régions développées et les régions défavorisées.
- Étudier l'effet des investissements publics et privés sur le développement régional.
- Évaluer le rôle de la gouvernance et de la régionalisation avancée dans la réduction des inégalités.
- Proposer un cadre analytique pour comprendre et réduire les disparités territoriales.

6. Revue de littérature

- **Disparités territoriales et inégalités économiques**

Les théories de l'économie spatiale (Krugman, 1991) montrent que la concentration géographique de la richesse entraîne un effet cumulatif au profit de certaines régions. Au Maroc, les travaux du HCP (2022) confirment que la croissance reste polarisée sur les régions littorales.

- **Dynamiques régionales et développement**

La Banque mondiale (2020) souligne que les disparités régionales constituent un frein à la croissance inclusive. Le PNUD (2021) met en évidence la persistance des inégalités socio- économiques, en particulier dans les régions intérieures.

- **Gouvernance régionale et régionalisation avancée**

L'OCDE (2022) et la Cour des Comptes (2021) insistent sur la lenteur du transfert de compétences et la difficulté pour les régions d'assumer pleinement leur rôle. La gouvernance régionale apparaît comme un facteur déterminant pour concrétiser les objectifs de la régionalisation avancée.

- **Limites scientifiques**

La majorité des recherches existantes restent descriptives. Peu de travaux combinent une analyse comparative régionale et une modélisation quantitative intégrant la gouvernance, les dynamiques économiques et les disparités spatiales.

7. Cadre théorique

Le projet s'appuie sur :

- Les théories de la croissance régionale et de la convergence.
- Les approches institutionnelles de la gouvernance territoriale.
- L'analyse spatiale des dynamiques régionales (indicateurs socio-économiques et cartographie des disparités).

Ce cadre permettra d'articuler les dimensions économiques, sociales et institutionnelles dans une lecture intégrée des disparités territoriales.

8. Méthodologie de recherche

8.1 Positionnement épistémologique

Le travail adopte un paradigme postpositiviste, qui considère que les phénomènes sociaux et économiques peuvent être analysés par des modèles explicatifs validés empiriquement.

8.2 Approche scientifique

La démarche est **hypothético-déductive**, visant à tester des relations entre les variables à partir de données empiriques.

8.3 Terrain d'étude

Le choix se porte sur deux régions contrastées :

- **Casablanca-Settat**, moteur économique et pôle d'attractivité.
- **Drâa-Tafilalet**, région aride et défavorisée, marquée par des retards structurels.

8.4 Sources de données

- **Primaires :** des enquêtes ciblées auprès d'acteurs institutionnels régionaux et locaux (collectivités, agences de développement, associations).
- **Secondaires :** des données du HCP (comptes régionaux, enquêtes emploi, pauvreté), Banque mondiale, OCDE, Cour des Comptes.

8.5 Analyse des données

L'analyse se fera par des équations structurelles basées sur la variance (PLS-SEM) permettant de :

- Tester les relations entre les variables latentes (investissements, gouvernance, disparités).
- Identifier les effets directs et indirects.
- Fournir un modèle empirique robuste pour expliquer les disparités territoriales.

9. Apports attendus

- **Théoriques :** combler une lacune de la littérature en intégrant la gouvernance, la régionalisation avancée et les disparités économiques dans un modèle unique.
- **Méthodologiques :** proposer un modèle d'analyse à travers les équations structurelles basées sur la variance (PLS-SEM), encore peu utilisées dans le contexte marocain.

- **Managériaux :** fournir des recommandations aux décideurs pour réduire les écarts régionaux et renforcer la convergence.

10. Plan provisoire de la thèse

Introduction générale

Partie 1 : Régionalisation avancée, inégalité et gouvernance territoriale

Chapitre 1 : Cadre conceptuel et théorique

Disparités régionales et inégalités économiques

Dynamiques spatiales et théories de la convergence

Gouvernance territoriale et régionalisation avancée

Chapitre 2 : Revue de littérature et expériences comparées

Travaux internationaux

Études marocaines

Hypothèses, modèle conceptuel et indicateurs

Partie 2 : Impact de la régionalisation sur le développement territorial ai Maroc

Chapitre 1 : Méthodologie et terrain de recherche

Positionnement épistémologique et approche

Terrain et données

Chapitre 2 : Résultats et discussion

Résultats et analyses

Vérification des hypothèses et réponses à la problématique

Conclusion générale

11.Bibliographie indicative

Banque Mondiale. (2020). Convergence territoriale au Maroc : défis et opportunités. Washington, DC.

Cour des Comptes. (2021). Rapport annuel sur la régionalisation avancée. Rabat.

Haut-Commissariat au Plan (HCP). (2022). Comptes régionaux et indicateurs sociaux. Rabat.

Krugman, P. (1991). Geography and Trade. MIT Press.

OCDE. (2022). Développement régional et gouvernance territoriale au Maroc. Paris.

PNUD. (2021). Rapport sur le développement humain au Maroc. New York.

Cas Hypothétique 3

1. Sujet de recherche

Politiques publiques et gestion durable de l'eau dans les régions arides : Cas de la région de Drâa-Tafilalet

2. Motivation de recherche

La question de l'eau est aujourd'hui au cœur des politiques publiques au Maroc. La raréfaction de la ressource, due au changement climatique et à la croissance des besoins, impose de repenser les modes de gestion. La région de Drâa-Tafilalet illustre cette situation de manière aiguë : climat aride, nappes surexploitées, agriculture fortement consommatrice et difficultés d'approvisionnement en eau potable dans les zones rurales.

L'État a mis en place plusieurs programmes stratégiques, comme le Plan National de l'Eau 2020-2050 et la stratégie Génération Green, et a introduit une réforme institutionnelle avec la création des Sociétés Régionales Multiservices (SRM), destinées à améliorer la gouvernance et l'efficacité des services liés à l'eau.

Cependant, malgré ces efforts, les défis persistent : tensions entre usages agricoles et domestiques, inégalités d'accès et limites institutionnelles. Ce projet de recherche propose d'analyser, dans le cadre spécifique de Drâa-Tafilalet, l'efficacité des politiques publiques dans la gestion durable de l'eau.

3. Introduction

L'eau constitue un enjeu vital et stratégique pour le Maroc. Classé parmi les pays en stress hydrique, le royaume voit sa disponibilité en eau par habitant chuter à moins de 600 m^3 par an (HCP, 2022). Dans un tel contexte, la gestion de l'eau devient une priorité absolue, tant pour la sécurité alimentaire que pour la stabilité sociale.

La région de Drâa-Tafilalet est l'une des plus vulnérables face à cette crise. Elle se caractérise par une forte aridité, une dépendance à l'agriculture irriguée et un déficit persistant en infrastructures de distribution d'eau potable. Ces contraintes posent des défis majeurs pour les politiques publiques.

Pour y répondre, le Maroc a multiplié les interventions : investissements dans les barrages et stations de dessalement, promotion de l'irrigation localisée, mise en place de SRM pour renforcer la gouvernance. Néanmoins, les résultats ne sont pas encore à la hauteur des attentes, ce qui soulève la question de l'efficacité réelle de ces politiques dans les territoires arides.

4. Problématique et questions de recherche

Malgré la mise en place de politiques publiques ambitieuses et de nouveaux dispositifs institutionnels, la région de Drâa-Tafilalet continue de connaître de fortes tensions hydriques, marquées par une concurrence entre usages, des inégalités territoriales d'accès et une gouvernance encore perfectible.

Problématique de recherche :

Dans quelle mesure les politiques publiques améliorent-elles l'efficacité de la gestion durable de l'eau dans la région de Drâa-Tafilalet ?

Questions de recherche :

- Quels sont les principaux défis liés à l'eau dans la région de Drâa-Tafilalet ?
- Comment les politiques publiques structurent-elles la gouvernance et l'organisation de la gestion de l'eau ?
- Quels indicateurs permettent d'évaluer l'efficacité et l'équité de ces politiques ?
- Quelles limites persistent dans la mise en œuvre locale des réformes hydriques ?

5. Objectifs de recherche

Objectif général : évaluer l'efficacité des politiques publiques dans la gestion de l'eau dans la région aride de Drâa-Tafilalet.

Objectifs spécifiques :

- Identifier les défis hydriques propres à Drâa-Tafilalet.
- Évaluer l'impact des politiques publiques sur l'approvisionnement en eau potable et l'irrigation.
- Analyser le rôle des SRM en tant qu'outil de politique publique.
- Proposer un cadre analytique pour mesurer l'efficacité et l'équité de la gestion de l'eau.

6. Revue de littérature

- **Gestion de l'eau et développement durable**

Selon la Banque mondiale (2021), la rareté de l'eau freine directement la croissance inclusive et accentue les inégalités sociales. Dans les pays arides, la gestion durable de l'eau est un facteur central de résilience.

- **Politiques publiques et gouvernance de l'eau**

Les politiques hydriques au Maroc s'articulent autour du Plan National de l'Eau et des stratégies sectorielles (agriculture, industrie). Des expériences internationales (Espagne, Jordanie) montrent l'importance de combiner la planification centrale à la gouvernance locale.

- **SRM comme réforme institutionnelle**

L'OCDE (2022) souligne que la création des SRM marque un tournant dans la gestion de l'eau au Maroc, en favorisant une approche intégrée et régionale. Toutefois, la Cour des Comptes (2023) relève que leur mise en œuvre se heurte à des difficultés d'adaptation locale.

- **Limites scientifiques**

La littérature existante se concentre souvent sur la ressource ou les infrastructures, mais peu de travaux analysent l'efficacité des politiques publiques à travers le prisme des territoires arides et des nouvelles réformes institutionnelles.

7. Cadre théorique

Le projet repose sur trois dimensions analytiques :

Institutionnelle : rôle des politiques publiques (y compris SRM) dans la gouvernance de l'eau.

Économique : efficacité et efficience de l'utilisation de l'eau (agriculture, eau potable).

Territoriale : équité d'accès et disparités entre zones rurales et urbaines de Drâa- Tafilalet.

8. Méthodologie de recherche

8.1 Positionnement épistémologique

La recherche adopte un paradigme **postpositiviste**, qui considère que la réalité sociale et institutionnelle peut être analysée par des modèles explicatifs et validée empiriquement.

8.2 Approche scientifique

La démarche est **hypothético-déductive**, en construisant un cadre conceptuel testé empiriquement.

8.3 Méthode

Approche **quantitative**, centrée sur la mesure des effets des politiques publiques à travers des indicateurs d'accès, d'efficacité et d'équité.

8.4 Terrain d'étude

La région de **Drâa-Tafilalet**, choisie pour son caractère aride et ses problématiques hydriques aiguës.

8.5 Sources de données

- **Primaires** : enquêtes auprès d'acteurs institutionnels et des bénéficiaires (dans une phase ultérieure).

- **Secondaires :** HCP, Ministère de l'Eau, ONEE, rapports sur les SRM, Banque mondiale, OCDE.

8.6 Analyse de données

Les équations structurelles basées sur la variance (PLS-SEM) pour modéliser les relations entre les politiques publiques, la gouvernance et l'efficacité de la gestion de l'eau.

9. Apports attendus

- **Théoriques :** enrichir les travaux sur la gouvernance hydrique en intégrant la dimension institutionnelle des SRM.
- **Méthodologiques :** proposer un modèle empirique adapté à l'analyse des régions arides.
- **Managériaux :** fournir des outils d'évaluation aux décideurs pour améliorer la durabilité et l'équité de la gestion de l'eau.

10. Plan provisoire de la thèse

Introduction générale

Partie 1 : Gestion de l'eau, durabilité et politiques publiques

Chapitre 1 : Cadre conceptuel et théorique

Gestion de l'eau et politiques publiques

Gouvernance hydrique et SRM

Durabilité et équité territoriale

Chapitre 2 : Revue de littérature et expériences comparées

Travaux internationaux

Études marocaines

Indicateurs, hypothèses et cadre conceptuel de recherche

Partie 2 : Mesure de l'efficacité de la gestion de l'eau à Drâa-Tafilalet

Chapitre 1 : Méthodologie et terrain de recherche

Approche et positionnement épistémologique

Terrain et sources de données

Chapitre 2 : Discussion et contributions

Résultats et analyse

Vérification des hypothèses et réponses à la problématique

Conclusion générale

11. Bibliographie sélective

Banque Mondiale. (2021). *Water Security in MENA: Managing Scarcity and Climate Risks*. Washington, DC.

Cour des Comptes. (2023). *Rapport annuel sur la gestion des services publics locaux*. Rabat.

Haut-Commissariat au Plan (HCP). (2022). *Indicateurs sociaux et hydriques régionaux*. Rabat.

OCDE. (2022). *Gouvernance de l'eau et services publics au Maroc*. Paris.

PNUD. (2022). *Rapport sur le développement humain et la durabilité hydrique*. New York.

Cas hypothétique 4

1. Sujet de recherche

L'impact du tourisme durable sur la réduction de la pauvreté

2. Motivation de recherche

Le tourisme est un moteur important du développement socioéconomique inclusif et de la réduction de la pauvreté. Activité économique parmi les plus dynamiques et les plus résilientes, le tourisme est un catalyseur de la création d'emplois et peut stimuler le développement des infrastructures et des services publics.[31]

En Afrique, la réduction de la pauvreté demeure l'un des défis les plus persistants, où plus de 40 % de la population subsaharienne vit sous le seuil de pauvreté internationale (Banque mondiale, 2023). Dans les régions rurales, cette pauvreté prend une forme multidimensionnelle, associant insécurité alimentaire, faible accès à l'énergie, isolement économique et précarité des services sociaux. Dans ce contexte, le tourisme durable apparaît comme une alternative stratégique pour diversifier les économies rurales africaines tout en promouvant un développement plus équitable. Ce tourisme, tel que défini par l'Organisation Mondiale du Tourisme (OMT, 2015), vise à répondre aux besoins des visiteurs et des communautés hôtes sans compromettre l'environnement ou les ressources des générations futures. Celui-ci conjugue les besoins des touristes et des communautés locales tout en protégeant et

[31] Le tourisme durable: catalyseur du développement socio-économique inclusif et de la réduction de la pauvreté dans les régions rurales, https://www.ilo.org/fr/publications/le-tourisme-durable-catalyseur-du-developpement-socio-economique inclusif#:~:text=Le%20tourisme%20est%20un%20moteur,infrastructures%20et%20des %20services %20publics.

développant les opportunités futures (El Alaoui Ismaili et Ayegou, 2023).

La littérature a déjà identifié le potentiel du tourisme pour contribuer au développement local. Des travaux fondateurs comme ceux de Mitchell & Ashley (2010) ont montré que le tourisme peut engendrer des effets redistributifs significatifs, notamment en augmentant les revenus des ménages pauvres via l'hôtellerie familiale, l'artisanat ou les services. Spenceley et al. (2012), dans une étude portant sur l'Afrique australe, confirment que les projets touristiques communautaires bien structurés peuvent conduire à une amélioration directe des conditions de vie rurales, en particulier là où les initiatives sont localement ancrées et bénéficient d'un soutien institutionnel. Toutefois, ces bénéfices ne sont pas automatiques. Scheyvens (2007) rappelle que sans accès à des infrastructures de base en particulier l'énergie et sans capacité locale à gérer les retombées, le tourisme peut renforcer les inégalités plutôt que les atténuer.

Or, depuis la fin des années 2010, de nombreux pays africains ont engagé des stratégies de diversification économique intégrant à la fois le développement du tourisme durable à la transition énergétique et le Maroc, n'est pas en reste. Grâce à son riche patrimoine culturel et à sa diversité naturelle, le royaume est l'une des principales destinations touristiques en Afrique, avec 17.4 millions d'arrivées touristiques en 2024, soit plus de 3 millions de touristes comparé à 2023 (Ministère du Tourisme, de l'Artisanat et de l'Économie Sociale et Solidaire, 2025), le tourisme international (51%) y représente une part importante du PIB soit 7% en 2024 ayant généré 112 milliards de dirhams en 2024, soit une progression de +43% comparé à 2019 et +7% comparé à 2023 selon le Ministère du Tourisme. De plus, par exemple, le Maroc a simultanément renforcé sa stratégie touristique dans les zones rurales (notamment à travers les coopératives féminines et l'agritourisme dans le Haut Atlas) tout en lançant des programmes d'électrification verte avec des miniréseaux solaires (*IRENA, 2021 ; MTAE Maroc, 2023*). Le pays a fait du tourisme un secteur stratégique de son économie mais certaines zones continuent d'accuser un retard de développement.

D'autres pays, comme le Gabon, qui dépendent des ressources minières, a quant à lui amorcé une diversification de son économie. Dans son Plan Gabon Émergent, il met l'accent sur les pôles écotouristiques adossés à ses parcs nationaux, tout en se fixant des objectifs de neutralité carbone à l'horizon 2030 (*République Gabonaise, 2022*).

Malgré l'essor du tourisme durable et des transitions énergétiques dans plusieurs pays africains, peu d'études scientifiques ont examiné de manière intégrée leur effet conjugué sur la réduction de la pauvreté. La répartition inégale des bénéfices du tourisme entre les régions urbaines et rurales est un angle peu exploré, ce qui rend cette recherche essentielle. En dépit du fait que des études aient été réalisées sur le tourisme et le développement économique (Mitchell et Ashley, 2010 ; Scheyvens, 2007), peu d'entre elles se concentrent spécifiquement sur les zones rurales dans les pays africains en développement.

Cette recherche apportera non seulement de nouveaux éclairages pour la littérature scientifique sur les effets croisés du tourisme durable, du développement économique et de la réduction de la pauvreté, dans un contexte africain post-transition énergétique et de diversification économique mais fournira aussi des outils de pilotage pour les politiques publiques, les bailleurs de fonds et les investisseurs souhaitant soutenir un développement rural intégré et inclusif.

3. Problématique et questions de recherche

Problématique de recherche

Malgré l'essor du tourisme durable et des transitions énergétiques dans plusieurs pays africains, peu d'études scientifiques ont examiné de manière intégrée leur effet conjugué sur la réduction de la pauvreté. Une récente méta-analyse conduite par Torres-Delgado et Saarinen (2019) souligne le manque de recherches empiriques mesurant les effets socio-économiques du tourisme rural durable dans les pays du Sud. D'autre part, les travaux de Carabajal et al. (2024), qui analysent les impacts de mini-grids solaires dans les villages ruraux du Kenya et du Nigéria, révèlent des hausses significatives de revenus (+42 % en moyenne), une réduction de la pauvreté énergétique et une inclusion accrue des femmes dans les activités économiques, y compris le tourisme. Cependant, aucun travail n'a encore combiné ces deux champs de manière systématique. La littérature reste également dominée par des études macroéconomiques, souvent à l'échelle nationale, ne rendant pas compte des réalités locales et des écarts entre les territoires connectés et isolés (Sarsar & Echaoui, 2023).

L'absence de travaux croisant ces trois dynamiques du tourisme durable, de la transition énergétique, de la réduction de la pauvreté dans les régions rurales post-transition des pays africains constitue un problème fondamental. C'est à ce triple croisement, pauvreté rurale persistante, développement du tourisme durable et transition énergétique post-extractive que se situe cette recherche. Elle interroge ainsi les conditions concrètes dans lesquelles le tourisme durable peut réellement contribuer à réduire la pauvreté dans les pays africains en développement, dans un contexte marqué par la volonté de diversification économique et par l'essor des solutions énergétiques décentralisées. De ce fait, la question centrale de ce travail serait : **dans quelle mesure le tourisme durable contribue-t-il à la réduction de la pauvreté dans un contexte de diversification économique post-transition énergétique dans les pays africains en développement ?**

Cette interrogation implique d'analyser, non seulement, l'impact du tourisme sur les indicateurs socio-économiques dans les zones rurales, mais aussi les mécanismes économiques, institutionnels et énergétiques qui favorisent ou freinent sa capacité à agir comme catalyseur du développement local inclusif.

Questions de recherche

La présente recherche se veut répondre à une interrogation centrale, articulée autour d'une série de sous-questions empiriques permettant de tester les mécanismes et les conditions d'efficacité du tourisme durable en tant que levier de réduction de la pauvreté dans les régions rurales africaines, en contexte post-transition énergétique.

Sous-questions	Justifications
Quels sont les effets socio-économiques du tourisme durable sur les ménages ruraux pauvres dans les zones où l'accès à l'énergie renouvelable a été renforcé ?	Cette question vise à tester empiriquement l'hypothèse selon laquelle le couplage tourisme/énergie propre améliore les conditions de vie et les revenus des populations rurales (cf. Carabajal et al., 2024).
Comment les infrastructures énergétiques renouvelables influencent t-elles l'attractivité, la rentabilité et la durabilité	Cette question explore la capacité de l'énergie verte à structurer une offre touristique stable, compétitive et intégrée (cf. Salat et al., 2020).

des activités touristiques rurales ?	
Quels sont les mécanismes de transmission par lesquels le tourisme durable contribue à la réduction de la pauvreté : emploi, entrepreneuriat, redistribution communautaire ?	Inspirée par les travaux de Spenceley (2012) et Mitchell & Ashley (2010), cette question permet d'analyser les chaînes de valeur locales.
Dans quelles conditions institutionnelles et territoriales ces effets se matérialisent-ils réellement ?	Cette interrogation se fonde sur la littérature (Sarsar & Echaoui, 2023) soulignant que la relation tourisme-énergie-pauvreté est reliée par la qualité de la gouvernance locale, l'inclusion sociale, et les dispositifs de régulation.
Les retombées du tourisme durable sont-elles équitablement réparties entre les groupes sociaux et les genres dans les territoires ruraux concernés ?	En lien avec les travaux de Scheyvens (2007), cette question interroge les rapports de pouvoir au sein des communautés et les risques de reproduction des inégalités locales.
Quels modèles de partenariat (public-privé, coopératives locales, investissements étrangers responsables) permettent de maximiser l'impact social du tourisme dans	Cette dernière question se projette dans les configurations organisationnelles concrètes qui permettent d'assurer la viabilité

un cadre post-transition énergétique ?	économique et sociale des projets touristiques.

4. Objectifs de recherche

Le présent travail se fixe les objectifs suivants :

- Analyser dans quelle mesure le tourisme durable, intégré dans une dynamique de diversification économique et de transition énergétique, constitue un levier effectif de réduction de la pauvreté dans les zones rurales des pays africains en développement, à partir d'une analyse comparée.
- Mesurer l'impact du tourisme durable sur la pauvreté rurale dans des contextes post-transition énergétique, au sein de stratégies de diversification économique à partir des indicateurs socioéconomiques de pauvreté dans les zones rurales de ces pays.
- Examiner l'interaction entre développement touristique et accès à l'énergie (notamment renouvelable) dans le soutien à l'économie locale.
- Identifier les facteurs institutionnels et territoriaux qui modèrent ou amplifient les effets du tourisme sur la réduction de la pauvreté.
- Comparer les modèles de gouvernance et de redistribution des revenus touristiques entre différents pays africains, pour en dégager des configurations favorables et formuler des recommandations opérationnelles pour les décideurs publics, acteurs du tourisme et partenaires au développement en Afrique.

5. Revue de littérature

Plusieurs auteurs se sont intéressés à la contribution du tourisme au développement économique dans les pays du Sud. Cependant, les recherches se sont davantage concentrées sur les effets macroéconomiques du tourisme sur le PIB, au détriment des effets sociaux et distributifs en zones rurales. Dans le cadre de cette recherche, nous nous intéressons spécifiquement à la capacité du tourisme durable à réduire la pauvreté dans les pays africains en développement, à travers le prisme d'un contexte post-transition énergétique et de diversification économique. Trois champs de la littérature scientifique sont à mobiliser : (1) tourisme durable et pauvreté, (2) tourisme et énergie, (3) gouvernance locale et effets redistributifs.

- **Tourisme durable et réduction de la pauvreté dans les pays africains**

Dans les économies africaines en développement, plusieurs études empiriques ont montré que le tourisme, lorsqu'il est inclusif et fondé sur des modèles communautaires, peut générer des revenus alternatifs et contribuer à l'auto-emploi. Mitchell & Ashley (2010) soulignent que les chaînes de valeur touristiques peuvent, si elles sont bien conçues, renforcer l'économie locale à travers l'hébergement communautaire, la valorisation de l'artisanat, ou encore les services de guides ruraux. Spenceley et al. (2012), dans une série de cas africains, précisent que la réduction de la pauvreté passe principalement par l'accès à l'emploi, les revenus directs et la création de microentreprises touristiques. Cependant, ces effets varient considérablement selon le degré d'intégration des communautés locales à la gouvernance des projets touristiques.

Néanmoins, Rogerson (2012) et Snyman (2014) rappellent que la rentabilité sociale du tourisme est conditionnée par une infrastructure de base adéquate, des politiques locales claires et une planification à long terme. Or, ces éléments sont souvent absents dans les zones rurales africaines, ce qui limite l'effet réel du tourisme sur les indicateurs de pauvreté multidimensionnelle.

- **Diversification économique rurale et tourisme comme levier**

Dans des économies africaines historiquement dépendantes de ressources extractives, la diversification est une priorité stratégique (AfDB, 2020). Le tourisme représente un vecteur alternatif de croissance, notamment dans les zones marginalisées.

Le rapport UNCTAD (2017) identifie le tourisme comme l'un des six secteurs moteurs de diversification pour l'Afrique.

Dans le cas du Sénégal, Ndiaye et al. (2021) montrent que la diversification via l'écotourisme dans le Delta du Saloum a généré une hausse des revenus de +23 % pour les populations locales en 5 ans.

Toutefois, cette diversification n'est durable que si elle repose sur une infrastructure de base, notamment énergétique, et une gouvernance inclusive (Tosun, 2000).

- **Tourisme rural durable et réduction de la pauvreté**

Snyman et Spenceley (2012), dans leur étude sur l'écotourisme en Afrique australe, démontrent que ce type de tourisme peut générer des revenus durables pour les ménages ruraux, notamment lorsque les communautés locales sont activement impliquées dans les activités touristiques (hébergement, artisanat, guides

Kalvelage et al. (2020) analysent les effets des infrastructures liées au tourisme (routes, réserves naturelles) dans la région de Zambie, Namibie : l'amélioration de l'accès a stimulé l'activité économique locale, mais les bénéfices ont été captés principalement par des entreprises hiérarchiquement dominantes.

- **Tourisme durable et accès à l'énergie en contexte post-transition**

L'accès à l'énergie constitue un facteur structurel central dans le développement du tourisme rural. Plusieurs travaux récents ont montré que l'électrification rurale par les énergies renouvelables (solaire, biomasse, miniréseaux) renforce les capacités d'accueil touristique, améliore la qualité de vie et favorise l'entrepreneuriat (Carabajal et al., 2024). Ces effets indirects peuvent avoir un impact significatif sur la réduction de la pauvreté énergétique et sur la capacité des territoires à structurer une offre touristique viable.

Selon Salat et al. (2020), au Sénégal, les villages électrifiés attirent davantage de flux de visiteurs et développent des services liés à l'écotourisme (restauration, circuits, hébergement), ce qui stimule l'activité économique locale. De leur côté, Carabajal et al. (2024) montrent, à partir d'une étude au Kenya et au Nigeria, qu'un accès fiable à l'énergie solaire via des mini-grids conduit à une multiplication par quatre du revenu médian, une amélioration de la productivité des micro-entrepreneurs et une progression sensible de l'égalité femmes-hommes.

- **Gouvernance territoriale, effets de redistribution et modérateurs institutionnels**

Sarsar & Echaoui (2023), dans une étude de panel couvrant 48 pays africains, montrent que la consommation d'énergies renouvelables n'augmente pas automatiquement les recettes du tourisme : l'efficacité de cette transition dépend fortement de la qualité des cadres institutionnels, de la régulation et de l'existence de politiques d'intégration énergétique dans le secteur touristique.

Un consensus émerge dans la littérature : les effets du tourisme durable sur la pauvreté sont fortement dépendants du cadre institutionnel local. Scheyvens (2007) insiste sur la nécessité de dispositifs de gouvernance partagée, où les communautés bénéficient réellement des externalités positives du tourisme. À l'inverse, les modèles top-down basés sur l'investissement étranger peuvent générer peu de retombées pour les populations rurales, voire accentuer les inégalités.

De plus, la coordination entre les politiques énergétiques, touristiques et de développement local est souvent fragmentée dans les pays africains. Le manque de coordination intersectorielle, le déficit de capacité administrative et l'absence d'évaluation des projets touristiques à finalité sociale constituent des freins structurels identifiés dans plusieurs études (Ashley et al., 2001 ; Novelli, 2015). Ainsi, l'impact du tourisme durable sur la pauvreté ne peut être compris sans intégrer les facteurs de contexte, qu'ils soient politiques, énergétiques ou institutionnels.

Cette revue de littérature met en évidence un besoin auquel répondre : peu de recherches croisent les dimensions du tourisme durable, de la transition énergétique et de la lutte contre la pauvreté dans les zones rurales africaines. Les études disponibles restent sectorielles, limitées à des cas isolés, et rarement structurées autour d'une approche interdisciplinaire et territoriale.

Hypothèses de recherche

Le corps d'hypothèse de ce travail se présente comme suit :

Hypothèses	Références
H1 : Le tourisme durable a un effet significatif et positif sur la réduction de la pauvreté monétaire et multidimensionnelle dans les zones rurales des pays africains en développement.	*Mitchell & Ashley (2010) ; Spenceley et al. (2012), Kalvelage et al., (2020)*
[2] L'accès aux énergies renouvelables en milieu rural améliore les capacités d'accueil touristique et crée un environnement favorable à l'entrepreneuriat local, renforçant	*Carabajal et al. (2024) ; Salat et al. (2020)*

ainsi les effets du tourisme sur la réduction de la pauvreté.	
H3 : L'impact du tourisme durable sur la réduction de la pauvreté varie selon la qualité des institutions locales, la gouvernance des projets et le degré d'inclusion des populations locales et stimule la diversification économique locale, via l'artisanat, l'agriculture, les services et le transport.	*Scheyvens (2007) ; Acemoglu & Robinson (2012)*
H4 : Les zones rurales bénéficiant d'une intégration coordonnée entre politique touristique, énergétique et territoriale présentent des effets socioéconomiques plus marqués que celles où ces politiques sont sectorisées.	*Rogerson (2012) ; Novelli (2015)*
H5 : La relation entre tourisme, transition énergétique et pauvreté n'est pas automatique : elle dépend des cadres institutionnels et des facteurs territoriaux.	*Sarsar & Echaoui (2023), étude sur 48 pays africains*

6. Méthodologie de recherche

6.1 Positionnement épistémologique

Cette recherche s'inscrit dans une approche interdisciplinaire, elle vise à comprendre dans quelle mesure le tourisme durable contribue efficacement à la réduction de la pauvreté dans les pays africains en développement, dans un contexte de diversification économique post-transition énergétique.

Pour traiter cette problématique, nous adopterons une posture postpositiviste. Ce cadre reconstitue la chaine causes-effets à travers une approche hypothético-déductive pour trouver la relation existante entre les faits sociaux qui sont extérieurs aux individus. Il repose sur l'idée que les relations entre les variables (ici le tourisme durable, le développement économique, l'accès à l'énergie et la réduction de la pauvreté) peuvent être observées, mesurées et testées à l'aide de données empiriques quantitatives.

Cette posture nous permettra de construire des connaissances comparables à partir de modèles et d'indicateurs (PIB local, revenus des ménages, accès à l'énergie, taux d'emploi, etc.). Dans le champ du développement, ce positionnement est fréquemment mobilisé pour évaluer l'impact réel des politiques publiques et des investissements touristiques sur les territoires (Mitchell & Ashley, 2010 ; Sarsar & Echaoui, 2023).

6.2 Méthode de recherche

Notre processus d'élaboration du design de recherche se présente ainsi :

Phase 1 : Théorique

Lors de cette étape, notre objectif consistera à mener une analyse détaillée de la revue de littérature spécialisée en tourisme durable, développement économique, réduction de la pauvreté et transition énergétique. De prime abord, nous cernerons et délimiterons le sujet afin de choisir quel type de tourisme durable, la zone géographique du territoire, identifier les indicateurs de mesure enfin cerner notre sujet sous l'angle des courants théoriques afin de présenter le cadre théorique de l'étude.

Phase 2 : Empirique

Une analyse quantitative des données économique : Analyse des données économiques fournies par des sources officielles (Ministère du Tourisme, ONU Tourisme, Observatoire du tourisme, rapports Banque mondiale...). Ces données incluront les revenus du tourisme, les taux de pauvreté et les indicateurs de développement humain dans les zones rurales.

Une analyse qualitative : Études de cas dans des régions rurales à fort potentiel touristique. Ces études incluront des enquêtes et entretiens qui permettront de comprendre comment ces zones peuvent mieux profiter du développement touristique.

6.3 Terrain de recherche

L'étude de terrain se concentrera sur une zone rurale au Maroc et une autre au Gabon. Le choix sera effectué selon :

- Les projets d'énergies renouvelables en zones rurales,
- Les initiatives de tourisme durable,
- La disponibilité de données secondaires.

7. Apports attendus

Théoriques : enrichir les travaux sur l'impact du tourisme sur la réduction de la pauvreté.

Méthodologiques : proposer un modèle empirique adapté à l'analyse des régions africaines dont le développement est à son état embryonnaire.

Managériaux : fournir des outils d'évaluation aux décideurs pour améliorer la durabilité touristique.

8. Plan provisoire de la thèse

Introduction générale

Partie 1 : Durabilité touristique, transition énergétique et pauvreté

Chapitre 1 : Cadre conceptuel et théorique

Le développement territorial durable et le tourisme durable

Le tourisme durable à l'ère de la transition énergétique

Indicateurs de mesure de l'impact du tourisme durable sur la réduction de la pauvreté

Chapitre 2 : Théories, modèle conceptuel et hypothèses

Le tourisme durable et la lutte contre la pauvreté : approches théoriques

Théories mobilisées

Modèle conceptuel de recherche et hypothèses

Partie 2 : Mesure de l'impact du tourisme durable sur la réduction de la pauvreté

Chapitre 1 : Terrain de recherche et méthodologie

Posture épistémologique

Approches de recherche

Terrain d'étude

Chapitre 2 : Résultats de recherche et analyse

Résultats d'étude

Discussion des résultats

Vérification des hypothèses et réponses à la problématique

Conclusion générale

9. Bibliographie indicative

Bavoux, J.-J., Chapelon, L. (2014). Dictionnaire d'analyse spatiale. Armand Colin, Paris.

Baakil, D. et Ekhouira, Y. (s.d.). Les micro-événements sportifs au service de l'attractivité des territoires marocains locaux.

Bendahmane, M. (s.d.). Marketing territorial et promotion de la ville de Casablanca. International Journal of Financial Accountability, Economics, Management, and Auditing.

C. Laoute et B. Alj (2020). Le marketing territorial comme vecteur d'attraction des investissements directs étrangers : cas de la région Casablanca-Settat. Revue Internationale du Marketing et Management Stratégique, n° 149, PP. 27 à 41.

C. Laoute et B. Alj (2020). Le marketing territorial comme vecteur d'attraction des investissements directs étrangers : cas de la région Casablanca-Settat. Revue Internationale du Marketing et Management Stratégique, n° 149, PP. 27 à 41.

Chevalier, S. (2012). L'attractivité territoriale : concepts et enjeux. In Di Méo, G. et Buléon, P. (eds.), Les territoires de l'action, Presses Universitaires de Rennes, 19-30.

Kusenbach, M. (2014). Qualitative Methods in Migration Studies. Migration Studies, 2(2), 219-242.

Conclusion

Dans ce guide de méthodologie de la recherche en sciences économiques, nous avons partagé une expérience. Sans nul doute, beaucoup d'interrogations demeurent, mais dans ces quelques lignes nous avons donné aux étudiants les traits caractéristiques d'une démarche méthodologique que nous avons voulue très pédagogique et efficace pour la production scientifique.

En travaillant selon les propositions faites dans cet ouvrage, les chercheurs seront en mesure d'élaborer des projets de recherche pour participer à des réseaux de recherche ou répondre aux appels d'offres de différentes institutions. En effet, apprendre à écrire une problématique, une revue de la littérature, une méthodologie..., c'est apprendre à écrire un projet de recherche. Mais en la matière, chaque réseau ou institution dispose de son canevas de rédaction avec parfois beaucoup de différences. Peu importe le canevas retenu, l'important c'est de retrouver effectivement dans les différentes séquences (problématique, revue de la littérature, objectifs, hypothèses, méthodologie, etc.), les éléments qui les caractérisent et permettent la cohérence entre elles. Le chercheur doit donc s'adapter en fonction des exigences du réseau ou de l'institution.

La participation aux réseaux de recherche est indispensable dans la construction des chercheurs sur le plan scientifique. Il s'agit des initiatives à encourager, car celles-ci participent à l'enrichissement de leurs expériences sur les questions de la méthodologie de recherche.

Bibliographie

Agbodji, A.E. (2008). The Impact of Sub regional Integration on Bilateral Trade : The Case of UEMOA, AERC Research Paper 186, December, Nairobi, 40p.

Allard-Poesi, F., et Marechal, G. (2014). Construction de l'objet de la recherche. In R. A. Thiétart (Éd.), Méthodes de recherche en management (4e éd., p. 47 75). Dunod.

Angers, M. (1999). Initiation pratique à la méthodologie des sciences humaines. Presses universitaires de Grenoble, Grenoble.

Argyrs, C., R. Putnam, D. M. Smith, (1985), Action Science : Concepts, Methods, and Skils for Research and Intervention, San Franscisco: Jossey-Bass Publichers

Avenier, M., et Gavard-Perre, M. (2012). Inscrire son projet de recherche dans un cadre épistémologique. Dans M. Gavard-Perret, D. Gotteland, C. Haon, et A. Jolibert (dir.), Méthodologie de la recherche en sciences de gestion (2e éd., p. 5 45). Pearson.

Babbie, E. (1986), The Pratice of Social Research, Quatrième édition, Belmont, Californie :

Wadsworthpublish Co.

Bagozzi, R. P., Yi, Y., & Phillips, L. W. (1991). Assessing construct validity in organizational research. Administrative Science Quarterly, 36(3), 421-458.

Barclay, D., Higgins, C., & Thompson, R. (1995). The partial least squares approach to causal modeling : Personal computer adoption and use as illustration. Technology Studies, 2(2), 285-309.

Beaud M. (1997), L'art de la thèse : comment préparer et rédiger une thèse de doctorat, un mémoire de DEA ou de maîtrise ou tout autre travail universitaire, collection GUIDES REPERES, édition La Découverte, Paris, France.

Becker, J.-M., Cheah, J.-H., Gholamzade, R., Ringle, C. M., & Sarstedt, M. (2023). PLS-SEM's most wanted guidance. International Journal of Contemporary Hospitality Management, 35(1), 321-346.

Becker, J.-M., Klein, K., & Wetzels, M. (2012). Hierarchical latent variable models in PLS-SEM guidelines for using reflective-formative type models. Long Range Planning, 45(5-6), 359-394.

Boland, L. A. (1982), The Fondations of Economic Method, Allen & Unwin.

Boncoeur J. et H. Thouement (2013), Histoire des idées économiques, 4ème édition, Cursus économie, Armand Colin, Paris, 251p.

Bonneuil, C., et Joly, P. (2013). Sciences, techniques et société. La découverte.

Boutillier S., A. Goguel d'Allondans, N. Labère, D. Uzunidis, (2012), Méthodologie de la thèse et du mémoire, collection Principes méthodologiques ? éd. Studyrama, Levallois-Perret, France.

Boyer R. (1992), La crise de la macroéconomie, une conséquence de la méconnaissance des institutions ? LActualité économique, Revue danalyse économique, vol. 68, n° 1-2, mars et juin, p. 43-68.

Callon, M. (dir), (1988), La science et ses réseaux. Genèse et circulation des faits scientifiques, Paris, La Découverte, 214p

Chadwick, B. A, H. M. Bahr, Albrecht, S. L. (1984). Social Science Research Methods, Englewood, Cliffs, N. J: Prentice-Hall.

Cheah, J.-H., Ting, H., Ramayah, T., Memon, M. A., Cham, T.-H., & Ciavolino, E. (2019). A comparison of five reflective–formative estimation approaches : Reconsideration and recommendations for tourism research. Quality & Quantity, 53(3), 1421-1458.

Chin, W. (1998). The partial least squares approach to structural equation modeling. In G. A. Marcoulides (Éd.),

Modern Methods for Business Research (1re éd., p. 295-358). Eribaum.

Churchill, G. J. (1979). A paradigm for developing better measures of marketing constructs. Journal of Marketing Research, 16(1), 64-73.

Cohen, J. (1988). Statistical power analysis for the behavioral sciences (2e éd.). L. Erlbaum Associates.

Cohen, J. (1992). A power primer. Psychological Bulletin, 112(1), 155-159.

Cole, D. A., & Preacher, K. J. (2014). Manifest variable path analysis : Potentially serious and misleading consequences due to uncorrected measurement error. Psychological Methods, 19(2), 300-315.

Comte, A. (1844). Discours sur l'esprit positif (1re éd.). Carillian-Goeury et Dalmont.

DAmboise, G, (1996). La recherche en gestion des PME : des paradigmes en evolution, Papers 96-66, Laval - Faculté des sciences de administration.

De Ketele, J.-M. et Roegiers, X. (1996, 4e édition 2009), Méthodologie du recueil dinformations, Bruxelles - Paris : De Boeck Université, 226 pages.

Delacroix, E., Jolibert, A., Monnot, E., & Jourdan, P. (2021). Marketing Research : Méthode de recherche et d'étude en marketing (2e éd.). Dunod.

Diamantopoulos, A., Riefler, P., & Roth, K. P. (2008). Advancing formative measurement models. Journal of Business Research, 61(12), 1203-1218.

Dijkstra, T. K., & Henseler, J. (2015). Consistent partial least squares path modeling. MIS Quarterly, 39(2), 297-316.

Efron, B. (1987). Better Bootstrap Confidence Intervals. Journal of the American Statistical Association, 82(397), 171-185.

Evrard, Y., Pras, B., & Roux, E. (2003). Market : Etudes et recherches en marketing (3e éd.). Dunod.

Fornell, C., & Larcker, D. (1981). Evaluating structural equation models with unobservable variables and measurement error. Journal of Marketing Research, 18(1), 39-50.

Gauthier Benoît, (1990), « Recherche sociale de la problématique à la collecte des données », presses de l'université du Québec, Montréal

Gavard-Perret, M., Gotteland, D., Haon, C., & Jolibert, A. (2018). Méthodologie de la recherche en sciences de gestion : Réussir son mémoire ou sa thèse. Pearson.

Gefen, D., & Straub, D. (2005). A practical guide to factorial validity using PLS-graph : Tutorial and annotated example. Communications of the Association for Information Systems, 16, 91-109.

Gerbing, D. W., & Anderson, J. C. (1988). An updated paradigm for scale development incorporating unidimensionality and its assessment. Journal of Marketing Research, 25(2), 186-192.

Gerring, J. (2001). Social science methodology : A unified framework (2e éd.). Cambridge University Press.

Girod-Séville, M., et Perret, V. (1999). Considérations épistémologiques. Dans R. Thiétart (dir.), Méthodes de recherche en management (p. 13 33). Dunod.

Glaser, B. G., Strauss, A. L. (1967). The Discovery of Grounded Theory : Strategies for Qualitative Research. New York Aldine Publishing Co

Glasersfeld E. von, 1988/1981, Introduction à un constructivisme radical, in P. Watzlawick (dir.) L'invention de la réalité, Paris, Seuil, pp. 19-43. Traduit de Einführung in den radikalen Konstruktivismus. In: P. Watzlawick (ed.) Die erfundene Wirklichkeit. Munich, Piper, pp. 16–38.

Guba, E., & Lincoln, Y. (1994). Competing paradigms in qualitative research. In N. Denzin & Y. Lincoln (Éds.), Handbook of qualitative research (5e éd., p. 105-117). Sage Publications, Inc.

Hair, J., Black, W., Babin, B., & Anderson, R. Multivariate data analysis (8e éd.). Cengage.

Hair, J. F. (Éd.). (2017). A primer on partial least squares structural equation modeling (PLS-SEM) (Second edition). Sage.

Hair, J. F., Risher, J., Sarstedt, M., & Ringle, C. When to use and how to report the results of PLS-SEM. European Business Review, 31(1), 2-24.

Hair, J., Hult, G., Ringle, C., & Sarstedt, M. (2022). A primer on partial least squares structural equation modeling (PLS-SEM) (3e éd.). SAGE Publications, Inc.

Hair, J., Sarstedt, M., Ringle, C., & Siegfried, P. (2024). Advanced issues in partial least squares structural equation modeling (2e éd.). SAGE Publications, Inc.

Henseler, J., Ringle, C. M., & Sarstedt, M. (2015). A new criterion for assessing discriminant validity in variance-based structural equation modeling. Journal of the Academy of Marketing Science, 43(1), 115-135.

Jarvis, C. B., Mackenzie, S. B., & Podsakoff, P. M. (2004). Un examen critique des indicateurs de construit et des erreurs de spécification des modèles de mesure dans la recherche en marketing et en comportement du consommateur. Recherche et Applications Marketing, 19(1), 73-97.

Johnson, R. B., et Christensen, L. B. (2004), Educational research: Quantitative, qualitative, and mixed approaches, Boston, MA: Allyn and Bacon.

Jolibert, A., & Jourdan, P. (2006). Marketing research : Méthodes de recherche et d'étude en marketing. Dunod.

Jolibert, A., & Jourdan, P. (2011). Marketing research : Méthodes de recherche et d'études en marketing (2e éd.). Dunod.

Kaiser, H. (1970). A second-generation little jiffy. Psychometrika, 35(4), 401-415.

Kaiser, H. (1974). Little Jiffy, Mark IV. Educational and Psychology Measurement, 34(1), 111-117.

Kasse , M. (2010), « La Science économique et sa méthodologie », L'Harmattan, Dakar

Kothari, C. R. (2004), Research Methodology: Methods and Techniques, (Second Edition), New Age International Publishers.418 p.

Kuhn T.S., (1983), La Structure des Révolutions Scientifiques, Flammarion, coll. Champs, Paris, 2ème édition

Lakatos,I.,(1970), « Falsification and the Methodology of Scientific Research Programmes », in I. Lakatos et A. Musgrave, (eds.), Criticism and the Growth of Knowledge, Cambridge University Press, Cambridge, pp. 91-196.

Latour, B., et Woolgar, S. (1979). La vie de laboratoire. La découverte.

Le Compte, M. D., Millroy, W. L., Preissle, J (Eds) (1992), The Handbook of Qualitative Research in Education", San Diego, CA : Academic Press. (881 pages).

Leedy, P. D. (1989), Practical Research, Third Edition. New York : Mac-Millan Publishing Co., Inc.

Le moigne, J. L. (1995). Les épistémologies constructivistes (Paris). Presses universitaires de France

Miller, D. C. (1989), Handbook of Research Design and Social Measurement, Fifth Edition. Bervely Hills : Sage Publications.

Lincoln, Y., et Guba, E. (1985). Naturalistic inquiry (1re éd.). SAGE Publications.

Ndanshau M. A., (1996), The Behavior of Income Velocity in Tanzania 1967-1994, AERC, Paper No. RP_050, November 1996.

Ndinga Mathias M. A. (2006), Salaire et comportement d'offre de travail à Brazzaville, Thèse de doctorat unique, Université de Yaoundé II, Soa, Yaoundé, 277 p.

Paillé, P., & Mucchielli, A. (2016). L'analyse qualitative en sciences humaines et sociales (4e éd.). Armand Colin.

Pearson, K. (1892), The grammar of science, London : J. M. Dent and Company. Piaget J. (1983), Le structuralisme, Paris, Puf.

Piaget, J. (1967). Logique et connaissance scientifique. Gallimard.

Popper, K. (1959). The Logic of Scientific Discovery. Abingdon-on-Thames, United Kingdom: Routledge.

Popper, K. R. (1963). Conjectures and refutations. The growth of scientific knowledge. New York: Routledge & Kegan Paul

Popper, K. (1982) A Critical Note on the Greatest Days of Quantum Theory. Foundations of Physics, 12, 971-976.

Quivy R. et L. Van Campenhoudt (1988), Manuel de recherché en sciences sociales, Paris, Dunod,

Revilla, M. A., Saris, W. E., & Krosnick, J. A. (2014). Choosing the number of categories in agree–disagree scales. Sociological Methods & Research, 43(1), 73-97.

Ringle, C., Sarstedt, M., & Straub, D. (2012). Editor's comments : A critical look at the use of PLS-SEM in « MIS Quarterly ». MIS Quarterly, 36(1), 3-14. https://doi.org/10.2307/41410402

Robinson, J. P., Shaver, P. R., & Wrightsman, L. S. (1991). Criteria for scale selection and evaluation. In J. P. Robinson, P. R. Shaver, & L. S. Wrightsman (Éds.), Measures of personality and social psychological attitudes (p. 1-16). Academic Press.

Rubin, H. J. (1983), Applied Social Research, Columbus, OH : Charles E. Merrill.

Sarstedt, M., Hair, J. F., Cheah, J., Becker, J., & Ringle, C. (2019). How to specify, estimate, and validate higher-order constructs in PLS-SEM. Australasian Marketing Journal, 27(3), 197-211.

Smelser Neil J. et Baltes Paul B. (eds) , (2001), International Encyclopedia of the Social & Behavioral Sciences, Volume 1 , Elsevier, 17500 pages .

Solow R, 1987, "We'd better watch out", New York Times Book Review, July 12 1987, p : 36.

Strauss, A., Corbin, J. (1990), "Basic of Qualitative Research: Grounded Theory Procedures and Techniques", Beverly Hills : Sage Publications.

Voorhees, C. M., Brady, M. K., Calantone, R., & Ramirez, E. (2016). Discriminant validity testing in marketing : An analysis, causes for concern, and proposed remedies. Journal of the Academy of Marketing Science, 44(1), 119-134. https://doi.org/10.1007/s11747-015-0455-

Table des matières

Sommaire **5**
Préface **7**
Introduction **8**

Première partie : Les règles de fond d'une thèse ou d'un mémoire de fin d'études **11**

Premier chapitre : Méthodologie de recherche : quels concepts à retenir ? **13**
1. Survol sur la recherche en sciences économiques . 14
1.1 Notion et objectifs de la recherche 14
1.2 Typologie et importance de la recherche 15
2.Recherche en sciences économiques : ses approches et ses méthodologies 18
2.1 Approches de recherche 18
2.2 Méthode et méthodologie de recherche : quel rapprochement 20
2.2.1 Méthode de recherche 20
2.2.2 Méthodologie de recherche 21
3. Cadre épistémologique 22
3.1 Le positivisme 23
2.1 L'interprétativisme 24
2.1 Le constructivisime 25

Deuxième chapitre : Construction d'un travail de recherche : quel processus ? **29**
1. Choix du sujet, la définition du problème et sa justification 30
1.1 Choix du sujet 31
1.1.1 Pertinence de choix du sujet 31
1.1.2 Contrainte temporelle 31
1.1.3 Importance de l'introduction 32
1.2 Cernement de la problématique 33

2. Revue de littérature 34
3. Formulation des objectifs et des hypothèses de recherche 35
3.1 Fixation des objectifs d'un travail de recherche 35
3.2 Formulation des hypothèses 37
4. Elaboration de la méthodologie de recherche 40
5. Traitement des données et interprétation des résultats 41
5.1 Analyse des résultats d'un travail de recherche 41
5.2 Interprétation des résultats de la recherche 43
6. Autres aspects de la rédaction d'un travail de recherche 46
6.1 Conclusion d'un travail de recherche 46
6.2 Plan d'un travail de recherche 47

Deuxième partie : La forme d'une thèse ou d'un mémoire de fin d'études 51

Premier chapitre : Les composantes d'une thèse de doctorat 54
1. La page de couverture et la page de garde 55
2. Le titre 56
3. La table des matières 57
3.1 Dédicaces 58
3.2 Remerciements 58
3.3 Résumé Abstract /Resumen/ملخص 59
3.4 Sommaire 59
3.5 Sigles 60
3.6 Glossaire 60
3.7 Introduction générale 61
3.8 Première partie 62
3.9 Deuxième partie 64
3.10 Conclusion générale 65

3.11 Annexes 66
3.12 Bibliographie 66
3.13 Webographie 67
3.14 Index des tableaux 67
3.15 Index des figures 63
3.16 Index des diagrammes et/ou indexe des cartes 67
3.17 Table des matières 68

Deuxième chapitre : Les règles complémentaires de rédaction d'une thèse de doctorat 69
1. Le format de la thèse 70
2. Les citations ou les extraits dans le texte 70
3. Les notes de bas de page 71
4. La présentation des références 73
5. Des conseils pratiques 75
5.1 Le choix des titres 75
5.2 Le numérotage (parties, chapitres, titres et sous-titres) 75
5.3 Le « je », le « nous » ou le « on » ? 76
5.4 L'écriture des chiffres et des nombres 76
5.5 L'écriture du texte 76
5.6 La révision du texte 77
5.7 La valorisation de la thèse 77

Troisième partie : l'étude empirique 78

Premier chapitre : les fondements de l'étude empirique 80
1.L'étude qualitative 81
1.1 La collecte des données qualitatives 82
1.2 L'analyse des données qualitatives 82
1.2.1 L'analyse de contenu thématique 83
1.2.2 L'analyse lexicale ou syntaxique 84
2. L'étude quantitative 84

2.1 La collecte des données quantitatives 85
2.2 L'échantillonnage 85
2.3 Le questionnaire 88
2.3.1 L'administration du questionnaire 89
2.3.2 Les types de questions dans un questionnaire 90
2.4 Les méthodes d'analyse des données de l'étude quantitative 91
2.4.1 L'analyse factorielle exploratoire (AFE) 92
2.4.2 L'analyse factorielle confirmatoire (AFC) : une modélisation par équations structurelles (Structural Equation Modeling) 97

Deuxième chapitre : L'application de l'étude empirique sur les logiciels 118

1. Application de l'analyse factorielle exploratoire sur le logiciel IBM SPSS STATISTICS 27..... 119
1.1 Le KMO, le test de sphéricité de Bartlett, le pourcentage de la variance, le critère de Kaiser, les loadings et les communalités..................... 119
1.2 L'alpha de Cronbach 122
2. Application de l'analyse factorielle confirmatoire sur le logiciel SMARTPLS 3.2.9....................... 123
2.1 Création du modèle 123
2.2 Le modèle de mesure : la fiabilité des indicateurs (loadings), la fiabilité des construits (alpha de Cronbach, Rho A et Rho C), la validité convergente (AVE).. 127
2.3 Le modèle de mesure : la validité discriminante (HTMT) à travers le Bootstrap 130
2.4 Le modèle structurel : l'indice d'inflation de la variance (VIF), le coefficient de détermination (R^2) et la taille de l'effet (f^2)............................ 132

2.5 Le modèle structurel : le test T par la méthode Bootstrap 135

Cas hypothétiques **137**
Cas hypothétique 1 138
Cas hypothétique 2 146
Cas hypothétique 3 153
Cas hypothétique 4 159
Conclusion **175**
Bibliographie **176**
Table des matières **184**

Revue « Marché et Organisations »

Promouvoir la recherche originale sur les relations de plus en plus étroites entre le marché et les organisations. Les acteurs économiques de taille, de puissance et de pouvoir différents dont les intérêts peuvent être convergents, complémentaires ou, le plus souvent, antagoniques, ont tendance à organiser les marchés. La raison du marché, pourtant, est la référence stratégique pour l'entreprise ainsi que pour les institutions publiques de décision économique.

N°6 : Entrepreneuriat et accompagnement. Outils, actions et paradigmes nouveaux, 2008
N°7 : Développement durable des territoires. Economie sociale, environnement et innovations, 2008
N°8 : Développement durable et responsabilité sociale des acteurs, 2009
N°9 : Gouvernance : exercices de pouvoir, 2009
N°10 : Le travail collaboratif. Une innovation générique, 2009
N°11 : Economie sociale et solidaire. Nouvelles trajectoires d'innovations, 2010
N°12 : Relations à la marque et marques de la relation. Regards croisés sur le management relationnel de la marque, 2010
N°13 : Les contrats au service de la recherche ?, 2011
N°14 : Le potentiel économique de l'Afrique subsaharienne, 2011
N°15 : Management de la distribution, 2012
N°16 : Territoire Vert. Entreprises, Institutions, Innovations, 2012
N°17 : Eco-conception, conception et innovation. Les nouveaux défis de l'entreprise, 2013
N°18 : Intelligence économique : entreprises et territoires, 2013
N°19 : La finance globale. Un monde fini, 2013
N°20 : La crise du « développement », 2014
N°21 : La Chine innove. Politiques publiques et stratégies d'entreprise, 2014
N°22 : Go East! Nouvelles Economies de Marché, 2015
N°23 : L'économie du changement, 2015
N°24 : Le temps des artisans. Permanences et mutations, 2015
N°25 : Innovations de proximité et esprit d'entreprise, 2016
N°26 : L'avenir des économies du Maghreb : entre inertie structurelle et envie de rupture, 2016/3 (n° 27)
N°27 : Le sport aux frontières du marché du travail, 2016
N°28 : Dynamiques internationales des entreprises, 2017
N°29 : L'univers du risque, 2017
N°30 : Les petites entreprises dans l'histoire industrielle, 2017
N°31 : Economie sociale et *social business* ? Au défi d'entreprendre et se financer, 2018
N°32 : Éducation et fertilisation des économies africaines, 2018
N°33 : L'entrepreneuriat innovant dans les pays du Maghreb, 2018
N°34 : L'entrepreneuriat scientifique : institutions et innovation, 2019
N°35 : Le champ économique de la culture, 2019
N°36 : Economie sociale et solidaire ? Modèles d'innovation et modes de gouvernance, 2019
N°37 : Rethinking Luxury Business, 2020
N°38 : La santé connectée. Nouvelles technologies et réorganisation des soins, 2020
N°39 : Options stratégiques et systèmes complexes d'innovation, 2020
N°40 : Les services : intégration des systèmes productifs et lien social, 2021
N°41 : Crise pandémique, crise globale. Réalité et controverses théoriques, 2021
N°42 : La crise de la covid-19. Le marché et les organisations en perspective, 2021
N°43 : (Re)faire système. *Bug & reset*, 2022
N°44 : Aléas du marché et management du risque, 2022
N°45 : Le renouveau du transport et de la logistique : les systèmes d'information, 2022
N°46 : Entrepreneuriat et innovation dans l'enseignement supérieur, 2023
N°47 : Le tourisme créatif. Culture, créativité, patrimoine, management, 2023
N°48 : L'Afrique : questions de performances, 2023
N°49 : *Fintech* en sciences du management, 2024

https://www.cairn.info/revue-marche-et-organisations.htm

Collection « L'esprit économique »
fondée par Sophie Boutillier et Dimitri Uzunidis en 1996

Dernières parutions

► ***Série Economie et Innovation***
Y. EL YAHYAOUI, *Economie des plateformes numériques. Captation de la valeur, pouvoir de marché et communs collaboratifs*, 2021.
G. DUTHIL, *Handicap et insertion professionnelle*, 2022.
T. MICHAUD, *La science-fiction institutionnelle*, 2023.
M. TOMAS, *Gouvernance territoriale et développement économique au Maroc : l'opportunité d'une étude économétrique*, 2025.
► ***Série Le Monde en Question***
O. MUMBERE MUHONGYA, *Efficacité de l'aide publique au développement. Question de la qualité des données*, 2024.
M. CAMARA, *Être ministre de l'Économie et des Finances de la République de Guinée*, 2024.
R. A. OBAM NLONG, *Du franc CFA à l'Afrix : la nécessaire refonte du Fonds Monétaire Africain*, 2024.
A. N. BASAHAG, *La réforme budgétaire dans les États de la Communauté économique et monétaire d'Afrique centrale (CEMAC)*, 2025.
A. OUCHEN, *Analyse des crises financières de grande ampleur : étude économétrique de contagion*, 2025.
O. S. AWAL, *Dette publique et développement au Cameroun : outils, stratégies et souveraineté économique*, 2025.
M.-C. DJIENA WEMBOU, E. B. AKONO, *Réformes économiques et financières en Afrique centrale : bilan et perspectives*, 2025.
E. FAKABA SISSOKO, *L'État, le marché et la fragilité : dynamiques croisées de l'investissement public et privé dans l'Alliance des États du Sahel (AES)*, 2025.
► ***Série Krisis***
G. MINART, *Condorcet économiste : un libéralisme économique au service du bien public*, 2023.
A. MANRAY, *Petit traité de gouvernance à l'usage des despotes éclairés*, 2024.
B. LANDAIS, *Théorie générale de la croissance économique et du développement*, 2024.
V. SOYER, *Critique de la théorie contemporaine de la valeur*, 2024.
E. CARREY, H. LANDIER, *De l'économie financière à l'économie du sens et du soin*, 2025.
► ***Série Clichés***
B. S. BONBON, *Géométrie parabolique tridimensionnelle ou perspective parabolique*, 2023.
S. BOUTILLIER, B. LAPERCHE, S. T. K. LE, *Ports industriels en transition : De l'économie circulaire à la décarbonation*, 2024.
B. HAGIARIAN, *En route vers le capitalisme*. Suivi de *Qu'est-ce qu'un supermarché ?*, 2025.
► ***Série Cours Principaux***
Z. FIRANO, *Fondements de la finance de marché. Théories et applications*, 2022.
Y. KEHO, *Introduction à l'économétrie appliquée sous EVIEWS, Rappels de cours et illustrations pratiques*, 2023.
K. AMZILE, *Intelligence artificielle et modélisation du risque de crédit*, 2023.
B. LANDAIS, *Macroéconomie. Les fondamentaux*, 2024.
A. KATFI, O. EL MNOUER (dir.), *Mathématiques financières. Cours d'initiation et exercices corrigés*, 2024.
J. NGONGO NGOY, *Manuel d'analyse financière*, 2024.
H. GUENICHI, *Analyse avancée de données de panel : aperçu du cadre théorique et applications avec Stata et R*, 2025.
► ***Série L'économie formelle***
J.-P. ROSELLO, *Marchés financiers, capital financier et crises systémiques*, 2024.
J.-L. VILLOUTREIX, *L'eau coule à Aguad : un conte économique*, 2024.
B. MEUNIER, *L'insoutenable dette publique de la France*, 2024.
J. LATREILLE, *Le PIB, ou la mesure de notre démesure*, 2024.
C. MEIDINGER, *Controverses macroéconomiques contemporaines*, 2024.
J.-M. RUFFIE, *La loi de l'offre et du besoin : décrocher de la demande*, 2025.
J.-N. COTTIER, *Les financières de l'immobilier locatif : SCPI, OPCI (SPPICAV et FPI) et SIIC*, 2025.

Structures éditoriales du groupe L'Harmattan

L'Harmattan Italie
Via degli Artisti, 15
10124 Torino
harmattan.italia@gmail.com

L'Harmattan Hongrie
Kossuth l. u. 14-16.
1053 Budapest
harmattan@harmattan.hu

L'Harmattan Sénégal
10 VDN SICAP AMITIE 3
BP 45034 Dakar-Fann
direction@senharmattan.com

L'Harmattan Cameroun
Tsinga/Derrière polyclinique FECAFOOT
BP 11486 Yaoundé
Jacques.koukam@harmattan.fr

L'Harmattan Burkina Faso
Villa 281, secteur 23 623, rue 14.32
Ouagadougou
zagbie@outlook.fr

L'Harmattan Guinée
Almamya, rue KA 028 OKB Agency
BP 3470 Conakry
harmattanguinee@yahoo.fr

L'Harmattan RDC
185, avenue Nyangwe
Commune de Lingwala – Kinshasa
matangilamusadila@yahoo.fr

L'Harmattan Congo
219, avenue Nelson Mandela
BP 2874 Brazzaville
deunovmikhael@gmail.com

L'Harmattan Mali
Immeuble Mgr Jean Marie Cissé
Aci Hamadallaye
BP 145 Bamako
syllaka@yahoo.fr

L'Harmattan Togo
Djidjole – Maison Amela
face EPP BATOME
02 BP 20680 Lomé
didieramela11@gmail.com

L'Harmattan Côte d'Ivoire
Résidence Karl – Cité des Arts
Abidjan-Cocody
03 BP 1588 Abidjan
harmattan.ivoire@gmail.com

L'Harmattan Bénin
Rue 604, (Immeuble à l'entrée
de la rue UCAO- Cite de Saint-Jean)
Cotonou
stepcorpus@gmail.com

Nos librairies en France

Librairie internationale
16, rue des Écoles
75005 Paris
librairie.internationale@harmattan.fr
01 40 46 79 11
www.librairieharmattan.com

Librairie des savoirs
21, rue des Écoles
75005 Paris
librairie.sh@harmattan.fr
01 46 34 13 71
www.librairieharmattansh.com

www.ingramcontent.com/pod-product-compliance
Lightning Source LLC
LaVergne TN
LVHW010946061026
849535LV00007B/2586
* 9 7 8 2 3 3 6 5 7 8 5 1 4 *